LA SINOPSIS DE LA BIBLIA

SERIE CONOCE A JESÚS

CONOCE A JESÚS COMO DIOS

UN ESTUDIO DE 10 SESIONES DEL EVANGELIO DE JUAN

TARA-LEIGH COBBLE

EDITORA GENERAL, CREADORA DE *D-GROUP INTERNATIONAL*

WHITAKER HOUSE
Español

CONOCE A JESÚS COMO DIOS
Un estudio de 10 sesiones del Evangelio de Juan

Originally published in English under the title *Knowing Jesus as God*
by Bethany House Publishers, a division of Baker Publishing Group,
Minneapolis, Minnesota, U.S.A.

Traducción al español por Belmonte Traductores
www.belmontetraductores.com

Edición: Henry Tejada Portales

ISBN: 979-8-88769-437-5
eBook ISBN: 979-8-88769-438-2
Impreso en los Estados Unidos de América

Whitaker House
1030 Hunt Valley Circle
New Kensington, PA 15068
www.espanolwh.com

1 2 3 4 5 6 7 8 9 10 11 32 31 30 29 28 27 26 25

ELOGIOS ANTERIORES PARA LA SERIE CONOCE A JESÚS

"Muy al estilo Tara-Leigh, este estudio es fácil de seguir, a la vez que te desafía a ahondar más en lo que dice la Palabra. Es más que simplemente leer la Biblia y responder algunas preguntas. Es una prueba para medir tu caminar espiritual, para hacerte esas preguntas difíciles, y para ser desafiado con cada cambio de página sobre lo que el Espíritu Santo te está revelando. Tanto si eres un nuevo creyente como alguien teológicamente bien versado, este estudio tiene algo que ofrecerte".

Clare Thompson Sims, miembro de *D-Group*

"Este estudio nos deja ver lo que *D-Group* ha estado haciendo por años. En lugar de alimentar a los lectores con respuestas, el estudio los capacita para hacer la tarea de llegar a sus propias respuestas a través de un estudio detallado y una lectura concentrada de la Palabra de Dios, permitiéndoles adueñarse de su crecimiento continuo y fe en el Rey Jesús. ¡Qué comienzo tan emocionante para una nueva serie memorable!".

Zuzana Johansen, miembro de *D-Group*

"Este estudio ayudará al lector a conectar el Antiguo Testamento con el Nuevo al aportar la perspectiva de la cultura y las costumbres judías durante los tiempos de Jesús. Esta lente proporciona claridad con respecto a por qué Jesús ministró y habló como lo hizo al relacionarse con judíos y también con gentiles. Además, comunica con claridad la importancia y el poder transformador de las enseñanzas de Jesús para los cristianos de hoy. Es un mapa de ruta, que extrae de las páginas del Antiguo Testamento y lo conecta con los Evangelios, apuntando a nuestra victoria en Cristo en la cruz".

Jeremy Hall, miembro de *D-Group*

"*Conoce a Jesús como Rey* combina una gran zambullida en el libro de Mateo con la estructura de *D-Group*. Al haber estado en *D-Group* desde el inicio, hace ya quince años, puedo decir con toda confianza que la estructura crea la consistencia que exige, y lleva mucho fruto para cualquier creyente. Abróchate el cinturón y ten fe en que Dios se revelará a ti como el Rey prometido y presente durante las diez próximas semanas".

Meghann Glenn, miembro fundador de *D-Group*

ÍNDICE

INTRODUCCIÓN

El Evangelio de Juan se suele recomendar para los nuevos creyentes porque dibuja una imagen clara de la deidad de Jesús. El estilo de redacción de Juan es conocido por ser lo suficientemente superficial como para que un niño pueda meterse en él, y a la vez ser lo suficientemente profundo como para que un elefante pueda nadar libremente. El mensaje es claro, pero las palabras contienen una profundidad que podríamos estudiar todos los días durante el resto de nuestra vida y seguir aprendiendo cosas nuevas al final de ella.

Igual que los autores de los otros tres Evangelios, Juan no se presenta explícitamente. Dentro de la tradición cristiana, por lo general se reconoce que el autor es "el discípulo que Jesús amaba". Juan fue llamado a ser discípulo junto a su hermano Jacobo (Marcos 1:19-20). Estos hermanos, los hijos de Zebedeo, eran pescadores de profesión, pero se convirtieron en dos de los tres discípulos con los que Jesús tuvo más cercanía a lo largo de su ministerio. Jacobo fue el primero de los discípulos en ser muerto por su fe (Hechos 12:2), y se cree que Juan fue el último de los doce en morir. A Juan también se le atribuye un trío de cartas del Nuevo Testamento (1-3 Juan) y el libro de Apocalipsis.

Aunque Juan no dice claramente a quién escribe su relato del evangelio, sabemos que se escribió después de los otros tres Evangelios y que contiene información que los demás no incluyeron. Por lo general, se acepta que Juan escribió su Evangelio tarde en la vida, probablemente entre el 85 y el 95 d. C. En 20:31 Juan nos habla de lo que lo motivó a escribir: "Pero estas se han escrito para que ustedes crean que Jesús es el Cristo, el Hijo de Dios; y para que al creer, tengan vida en Su nombre".

Para cumplir su propósito de demostrar a los lectores que Jesús es Dios Hijo, Juan habla a sus lectores acerca de siete señales o milagros públicos, así como siete momentos en los que Jesús utilizó afirmaciones metafóricas del tipo *Yo soy*. (¡En el judaísmo y en la Escritura el número siete simboliza plenitud y cumplimiento!) Cada una de las señales muestra a los lectores la autoridad celestial que Jesús tenía sobre la tierra, mientras que las siete afirmaciones metafóricas del tipo *Yo soy* apuntan a Éxodo 3:14, donde Dios le dijo a Moisés su nombre: "YO SOY EL QUE SOY". Este nombre sagrado y santo era utilizado exclusivamente para referirse a Dios, y Jesús lo reclamó como propio *siete* veces. Observa y quédate atento a los *Yo soy* y las señales públicas de Jesús:

SIETE YO *SOY* METAFÓRICOS

"Yo soy el pan de vida"– 6:48

"Yo soy la luz del mundo"– 8:12

"Yo soy la puerta"– 10:9

"Yo soy el buen pastor"– 10:11

"Yo soy la resurrección y la vida"– 11:25

"Yo soy el camino, la verdad y la vida"– 14:6

"Yo soy la vid"– 15:5

SIETE SEÑALES PÚBLICAS (MILAGROS)

Agua en vino – 2:2-11

Sanidad del hijo de un noble – 4:46-54

Sanidad de un hombre en Betesda – 5:2-9

Alimentación de cinco mil – 6:1-14

Caminar sobre el Mar de Galilea – 6:16-21

Sanidad del ciego – 9:1-7

Levantar a Lázaro de entre los muertos – 11:1-44

A medida que estudiemos, encontraremos argumentos sólidos contra la idea de que Jesús nunca afirmó ser deidad, veremos a Jesús oponerse a la tradición creada por el hombre y lo observaremos encarnar Su plena humanidad junto con Su plena divinidad. Ya sea la primera vez que estudias Juan, o la número cien, la simplicidad y la complejidad de este relato del evangelio harán que sea necesario profundizar juntos en él. ¡Comencemos!

CÓMO USAR ESTE ESTUDIO

Aunque el estudio bíblico es vital para el caminar cristiano, una vida espiritual completa proviene de participar también en las demás disciplinas espirituales. Este estudio está diseñado no solo para equiparte con un mayor conocimiento y profundidad teológicos, sino también para ayudarte a involucrar otras prácticas formativas que crearán una relación con Jesús más completa y satisfactoria. ¡Queremos verte prosperar en cada área de tu vida con Dios!

CONTENIDO Y PREGUNTAS

En cada una de las diez semanas de este estudio, la enseñanza y las preguntas están divididas en seis días, pero siéntete libre para hacerlo todo a la vez si es mejor para tus horarios. Si decides terminar el estudio de cada semana en un solo día, recuerda que hay aspectos que será bueno que tengas en mente cada día: la lectura bíblica diaria, la memorización de versículos y el reto semanal. Esto es mejor hacerlo durante toda la semana.

LECTURA BÍBLICA DIARIA

La lectura bíblica diaria se corresponde con nuestro estudio. Te tomará una media de tres minutos por día solamente leer (no estudiar) el texto. Si aprendes mejor de forma auditiva, tal vez prefieras escuchar una versión en audio de estos capítulos bíblicos.

Aunque decidas ver el contenido y las preguntas de la semana en un solo día, te animamos a que la lectura bíblica sea una parte de tu ritmo diario. Establecer el hábito de leer la Palabra cada día te ayudará a fortalecer tu fe y crear una mayor conexión con Dios.

Si decides repartir el estudio entre los seis días indicados para cada semana, tu lectura bíblica diaria se alineará con tu estudio. Los días 1-5 seguirán nuestro estudio de Juan, el día 6 presenta un salmo que se corresponde con nuestra lectura, y el día 7 sirve para que te pongas al día en caso que te hayas demorado.

MEMORIZACIÓN DE VERSÍCULOS

¡Memorizar versículos no es un trabajo inútil! Es una parte importante de guardar la Palabra de Dios en nuestro corazón (Salmos 119:11). Nuestro pasaje en Juan 15:1-11 se enfoca en nuestra unidad con Dios. Te animamos a practicarlo de forma acumulativa; es decir, *añadir* a lo que estás practicando cada semana en lugar de *reemplazarlo*. Citamos varias versiones en nuestros recursos, así que siéntete libre de memorizarlos en la versión que prefieras. Te sugerimos que trabajes en el versículo o versículos de cada semana a lo largo de la semana, no solo en el último minuto. Hemos incluido algunas herramientas gratuitas en inglés para ayudarte con esto, incluyendo una canción semanal, en MyDGroup.org/Resources/John.

RETO SEMANAL

Esta es nuestra respuesta práctica a lo que hemos aprendido cada semana. Queremos ser "hacedores de la palabra, y no solamente oidores" (Santiago 1:22). Encontrarás varios retos, y te animamos a responder a todos, ¡especialmente a aquellos que te parezcan *más* difíciles! Esto te ayudará a fortalecer tus músculos espirituales y animarte en tu fe. Como ocurre con el versículo para memorizar, será bueno que comiences esta práctica al inicio de la semana, en especial porque algunos retos semanales incluyen cosas que hacer cada día de la semana (por ejemplo oraciones, escribir en un diario, etc.).

RECURSOS

Este es un estudio con gran énfasis en las Escrituras, y te verás buscando pasajes a menudo. Si eres nuevo estudiando la Biblia, ¡esta será una buena manera de indagar y afilar tus habilidades! Te sentirás más equipado y menos intimidado a medida que avances por cada capítulo. Algunas preguntas te pedirán que consultes un diccionario bíblico, comentario o diccionario de griego o hebreo, pero no tienes que comprar estas herramientas. Hay muchas opciones gratuitas disponibles en el internet. Hemos incluido vínculos a algunas de nuestras herramientas favoritas, además de recursos adicionales (todo esto en inglés) como *podcasts*, artículos y *apps*, en MyDGrop.org/Resources/John.

GRUPOS

Como cada semana tiene muchas preguntas en el contenido, ofrecemos la siguiente recomendación para aquellos que quieran hablar del estudio en una reunión grupal semanal. Cuando cada miembro esté haciendo sus deberes, sugerimos que puedan marcar sus temas favoritos con una estrella, y cualquier cosa que les produzca confusión con una interrogación. Esto sirve como preparación para la discusión grupal y ayuda a dirigir la conversación de manera beneficiosa.

VERSÍCULO PARA MEMORIZAR

Yo soy la vid verdadera, y Mi Padre es el viñador.

Juan 15:1

SEMANA 1

Juan 1-3:

La Palabra de Dios

Nota: Si aún no has leído "Cómo usar este estudio" en la página 11, por favor hazlo antes de continuar. Tendrás un marco adecuado y herramientas útiles.

LECTURA BÍBLICA DIARIA

Día 1: Juan 1:1-28

Día 2: Juan 1:29-51

Día 3: Juan 2:1-25

Día 4: Juan 3:1-21

Día 5: Juan 3:22-36

Día 6: Salmos 19

Día 7: Para ponerte al día

Corresponde a los días 274 y 279 de *La sinopsis de la Biblia*

RETO SEMANAL

Ver la página 38 para más información.

DÍA 1

JUAN 1:1-28

LEE JUAN 1:1-28

1. **Repasa 1:1-5 y compáralo con Génesis 1:1-5.** ¿Qué similitudes ves?

Todas las generaciones tienden a quedarse atrapadas en sus caminos: desde sesgos culturales hasta perfiles de redes sociales. Utilizando Génesis 1:1-5 como esquema, Juan nos ayudó a todos a salir de nosotros mismos y entrar en la historia más amplia; aquella que Dios ha estado escribiendo desde "el principio".

2. **Cuenta las veces que Juan utiliza la palabra *Verbo* en el 1:1.** ¿Por qué crees que esto es importante?

En griego, esta palabra es *logos*. Al utilizar esta palabra, Juan podía conectar tanto con judíos como griegos que la utilizaban en su vida diaria. En las conversaciones entre rabinos judíos, *logos* (Palabra de Dios) podía utilizarse para referirse a Dios mismo. En la filosofía griega antigua, *logos* era la "lógica máxima" que controlaba todo, trayendo orden y sentido al caos de la vida. Estos dos grupos tenían perspectivas diferentes para darle sentido al mundo; pero las preguntas que rondaban en sus mentes eran las mismas:

¿Cuál es el camino a la sabiduría?

¿Cuál es la fuente de toda verdad?

¿Cuál es el verdadero significado de la vida?

Aunque nosotros no utilizamos *logos* tan a menudo como los rabinos en el templo o los gnósticos griegos mientras tomaban vino, ¿acaso no nos hacemos las mismas preguntas hoy en día? Volviendo a la mismísima fundación del mundo, Juan tomó el génesis de la creación y lo trajo al presente para revelar una verdad que afecta a todos los seres humanos de todas las épocas:

Jesús estaba con Dios y Jesús es Dios.

3. **Repasa 1:6-18.**

En 1:12-13 Juan reveló otro de los énfasis de su Evangelio: la fe. Verás que este tema se repite. Jesús es Dios, por supuesto, pero para que nosotros podamos *recibir* su salvación debemos *creer* que Él es quien dice ser.

4. En el pasaje de hoy, el Evangelio de Juan nos presenta a otro hombre llamado Juan. **Lee los siguientes versículos y después señala con un círculo a cuál Juan se refería el texto.** (Para facilitar el estudio, nos referiremos cariñosamente a Juan el Bautista con las iniciales JEB).

1:6	JEB	Juan el apóstol
1:15	JEB	Juan el apóstol
1:19	JEB	Juan el apóstol
1:26	JEB	Juan el apóstol
1:28	JEB	Juan el apóstol

En el antiguo Israel había tantos Juanes como Marías, así que es útil que nos fijemos en qué Juan está haciendo o diciendo qué. El apóstol Juan nunca se refirió a sí mismo por nombre en su Evangelio, sino como "el discípulo que Jesús amaba". JEB no escribió el Evangelio de Juan; lo escribió "el apóstol amado" Juan.

5. En 1:14 vemos la revelación de "Dios con nosotros". Escribe el versículo a continuación y después señala con un círculo la sección que más significado tiene para ti.

Este versículo podría traducirse literalmente como "El Verbo se hizo carne, y *tabernaculizó* entre nosotros". Seguro que cuando la audiencia original escuchó esto, se quedaron sin respiración. El tabernáculo era el epicentro de la vida judía en el Antiguo Testamento. Era el lugar en el que Dios habitaba; el lugar más santo de todos. Todas las tiendas en las que vivía la gente apuntaban al tabernáculo, recalcando que la presencia de Dios era el enfoque de la vida tanto personal como comunitaria.

Aquí, Juan insinuaba que este epicentro santo (ese lugar de esperanza y poder) ya no era un lugar físico. Ahora el tabernáculo caminaba en carne y sangre, dando acceso a su presencia a cualquiera que creyera en Él.

Estas noticias eran revolucionarias para las personas que habían esperado siglos para ver aunque fuera un destello de gloria. En un solo hombre, todos eran bienvenidos. Podían conocer a Dios de manera personal e íntima al conocer a Jesús.

6. Detente por un momento para dar gracias a Jesús por estar disponible para ti en cualquier momento y lugar. Si nunca has sentido la presencia de Dios contigo (o si hace tiempo que no lo sientes) pídele a Jesús que se revele ahora mismo a ti. Por medio de la presencia del Espíritu Santo, él *aún* habita con nosotros.

7. **Repasa 1:19-28 y después lee Isaías 40:3.**

El testimonio de JEB no era una historia sobre sí mismo. Era sobre Jesús. Todo lo que hacía y decía apuntaba a Cristo. La misión de JEB había sido clara desde antes de que naciera: "Enderecen el camino del Señor".

8. Nuestros testimonios deberían ir más allá de nosotros y apuntar a la persona y obra de Jesús. Piensa ahora en tu propia historia. ¿De qué maneras (intencional o accidentalmente) has hecho que tu testimonio gire alrededor de ti mismo? ¿Cómo puedes usarlo y reorientarlo para apuntar a Jesús?

DÍA 2

JUAN 1:29-51

LEE JUAN 1:29-51

1. **Repasa 1:29-34.**

Ahí está significa "asegúrense de ver". El objetivo de la lectura de hoy es detenernos y escuchar la llamada de JEB a ver a Jesús por quien realmente es. Examinaremos seis encuentros y cómo cada una de esas personas vio a Jesús. ¡Que Dios nos dé ojos para verlo correctamente!

2. En 1:29 Juan reveló a Jesús como el Cordero de Dios. Empareja el pasaje del Antiguo Testamento con el cumplimiento que Jesús hizo de ellos siendo el sacrificio perfecto.

Génesis 3:21	Jesús es el cordero que Dios proveería para sí mismo como sustituto de Isaac.
Génesis 22:8-14	Jesús es el animal que fue inmolado en el jardín para cubrir el pecado y la vergüenza de Adán y Eva.
Éxodo 12:21-24	Jesús es el cordero silencioso acerca del cual se profetizó que sería llevado al matadero.
Levítico 4:32-35	Jesús es el cordero sacrificado como ofrenda expiatoria según la ley levítica.
Isaías 53:7	Jesús es el cordero de la Pascua entregado para salvar a Israel de la muerte.

Juan es el único autor del Nuevo Testamento que se refirió a Jesús como el Cordero de Dios. Más adelante, cuando escribió el libro de Apocalipsis, utilizó este nombre veintisiete veces. Apocalipsis 13:8 dice que Jesús fue el cordero inmolado "desde la fundación del mundo". Una vez más, Juan nos apuntaba al principio. La cruz de Cristo fue el plan eterno.

En 1:32-34 la presencia del Espíritu y la voz del Padre confirmaron la unión de Jesús en este plan. En su bautismo, la presencia del Espíritu se posó sobre Jesús igual que se movía sobre las aguas en Génesis 1:2. La voz del Padre afirmó su identidad como "Hijo de Dios". *Solo* por medio del sacrificio de Jesucristo y creyendo en su divinidad como Hijo, podemos ser salvos.

3. **Repasa 1:35-42.**

4. Llena los espacios en blanco con las primeras palabras que Juan registra de Jesús.

"¿Qué ____________________?".

"__________________ y _________________".

Antes de repasar las respuestas de los demás discípulos, observa que estas son las preguntas que las precedieron. Tener un encuentro con Jesús requiere hacerse esta misma pregunta e invitación. La revelación de la identidad de Jesús llega junto a una realidad confrontadora: o lo tomamos en serio y lo seguimos, o no. La neutralidad no es una opción.

5. **Repasa 1:43-51.**

6. Empareja al discípulo con su respuesta a Jesús.

Andrés	Anuncia a Jesús como el Hijo de Dios y Rey de Israel
Simón Pedro	Revela a Jesús como el cumplimiento de la ley y los profetas
Felipe	Recibe una nueva identidad
Natanael	Declara que Jesús es el Mesías

Una curiosidad: se cree que el discípulo sin nombre que se menciona en 1:37 y 1:40 es el autor: el propio Juan. Lo incluiremos en nuestros seis encuentros totales del día. Más importante aún que las identidades de los discípulos eran las revelaciones que tuvieron acerca de la identidad de *Jesús*. Ya desde el primer capítulo del Evangelio de Juan, el autor nos presenta un caleidoscopio de colores teológicos a través de los cuales ver a Jesús: el Verbo, el Creador, la vida, la luz de los hombres, el nuevo tabernáculo, gracia y verdad, la revelación de Dios, el Cordero de Dios, el Mesías, el transformador de identidades, el cumplimiento de la ley del Antiguo Testamento y los profetas, el Hijo de Dios y el Rey de Israel.

Juan estaba decidido a que viéramos a Jesús como nuestro verdadero y único Mesías, o el "Ungido". Jesús fue aquel apartado desde el principio de los tiempos para llevar los pecados del mundo. Todos los profetas apuntaban a Él. Todos los sacrificios se cumplían en Él. Todas las palabras de la ley fueron dichas para mostrarlo como la Palabra viva. Este Jesús es Dios. No lo olvides.

Y por si eso no fuera suficiente, Juan tenía otro color más que añadir a nuestro mosaico mesiánico.

7. **Lee 1:51 y Génesis 28:12.** ¿Qué otra cosa revelaba Juan acerca de la identidad de Jesús? **Si necesitas ayuda, utiliza tu comentario bíblico favorito.**

8. Termina el día leyendo todos los títulos de Jesús que se mencionan en el primer párrafo de esta página. Señala con un círculo aquel que te impacte más en este momento. A continuación, escribe una oración de gratitud por quién es Jesús y cómo se ha revelado a ti.

DÍA 3

JUAN 2:1-25

LEE JUAN 2:1-25

Hoy veremos la primera de las primeras siete señales públicas que Jesús realiza en el Evangelio de Juan. Piensa en estas señales como carteles. En las autopistas modernas, las señales muestran el destino y apuntan al mismo. Del mismo modo, las señales de Jesús nunca se trataron solo de las señales en sí mismas sino de aquello a lo que apuntaban y señalaban de Él: su identidad, su misión y su corazón.

1. **Repasa 2:1-12.**

Presta especial atención a la interacción entre Jesús y su madre en 2:1-5. No tenemos una buena palabra en español para ello, pero en el lenguaje original, *mujer* era un término que reflejaba cariño o respeto. Las traducciones modernas de este encuentro pueden resultar chocantes o confusas, pero no te preocupes: Jesús amaba a su mamá.

Cuando la fiesta de esta boda comenzaba a ser divertida, se quedaron sin vino. Para muchos lectores modernos, eso solo significa que era el momento de cambiar a agua con gas o alguna Cola "cero"; sin embargo, en el antiguo Israel, una boda que se quedaba sin vino era una gran vergüenza pública. María trajo esto a la atención de Jesús, y Él respondió con un freno que vemos a menudo de los Evangelios: "Todavía no ha llegado mi hora". Estas seis palabras revelaban una realidad inmensa en la que Jesús, el Padre y el Espíritu siempre estuvieron aliados. Como Jesús es Dios, Él siempre actuó en unidad perfecta con el resto de la Trinidad a lo largo de su ministerio, y esta siempre tenía un plan divinamente calculado en funcionamiento. Seguiremos viendo cómo se desarrolla ese plan en un orden perfecto.

María veneró a Jesús diciéndole a los sirvientes que hicieran lo que Él dijera. Ella no estaba faltando al respeto a sus tiempos sino honrando su poder. Ella sabía de lo que Él era capaz.

2. Cuando leemos historias que nos resultan familiares puede ser fácil hacer una lectura superficial, pero si nos perdemos los detalles profundos nos perdemos la belleza. Utilizando 2:6-10 como guía, llena la tabla siguiente.

¿Cuántas tinajas de piedra había disponibles?	
¿Para qué se utilizaban habitualmente las tinajas?	
¿Cuántos litros cabían en cada tinaja?	
¿Cuál fue la respuesta de los sirvientes a las instrucciones de Jesús?	
¿Cuál fue la respuesta del mayordomo al probar el vino nuevo?	
¿Sabía el mayordomo de dónde había llegado el vino nuevo?	

Tal vez recuerdes un milagro que ocurrió en Éxodo 7:14-25, cuando Moisés y Aaron hicieron que el agua del Nilo se convirtiera en sangre. Con esa primera plaga, Dios demostró que era más poderoso que el Nilo (y su dios Hapi), en el cual los egipcios confiaban. Fue el primer paso para la liberación de Israel.

Con esta señal en la boda (la primera de sus siete señales en este Evangelio) Jesús estaba demostrando que era *mejor* que Moisés. Moisés transformó el agua en sangre, pero Jesús transformó el agua en *vino*. Sin embargo, el vino era solo la señal; no era el objetivo. Jesús era (y sigue siendo) el objetivo de esta señal.

En el antiguo Israel, el vino diluido era una bebida más común que el agua (porque el agua era difícil de mantener limpia). Al convertir el agua en vino, Jesús demostró ser una fuente más importante que el vino *y* el agua. Él es la fuente suprema de la cual deberíamos depender para sobrevivir, tener comunidad y celebrar. El hecho de que este milagro ocurriera en tinajas que normalmente estaban reservadas para la purificación, muestra que Él es el nuevo camino para ser purificados del pecado.

Jesús estaba haciendo mucho más que solo hacer que la fiesta continuara.

3. **Repasa 2:13-22.**

Esta es la primera de tres Pascuas que se mencionan en Juan (aunque este orden podría no ser cronológico). Debido a que la Pascua implicaba multitudes masivas, es casi seguro que esta escena tuvo lugar delante de muchos testigos.

4. ¿Cómo te hizo sentir la ira pública de Jesús?

5. ¿Por qué es importante que se detuvo a hacer un látigo?

El problema en el templo no eran los cambistas; las personas tenían que pagar el tradicional impuesto del templo. El problema no era la compraventa de animales; las personas necesitaban comprar animales para sacrificar después de un largo viaje hasta Jerusalén. El problema era *cómo* y *dónde* se estaba llevando a cabo el negocio.

Había decenas de miles de judíos visitando Jerusalén para la Pascua, y los vendedores aprovecharon la oportunidad. Habiendo tanta necesidad de sacrificio, ¿por qué no ganarse un dinero extra? Se cree que subían los precios de los animales, incluso comprando sacrificios "impuros" de los peregrinos y revendiéndolos a un precio más alto a los siguientes viajeros en necesidad, abusando de los precios y aprovechándose de los turistas.

Además de eso, lo más probable es que hubieran montado sus puestos en el patio de los gentiles. Este era el único lugar en el que se permitía que adoraran aquellos que no eran judíos. Seguramente los gentiles se sentían aún más fuera de lugar entre la multitud de mesas de vendedores y prestamistas. Como reveló Juan en 1:29, Jesús vino para limpiar los pecados del mundo; es decir, gente de *toda nación*. Llevar a cabo estas prácticas hacía que fuera más difícil y caro para las personas entrar en su presencia, y eso era motivo más que suficiente para confrontar y hacer limpieza intencional. Jesús hizo espacio y lo purificó. Cualquier lugar con el propósito de que la gente se encuentre con su presencia debería hacer lo mismo.

En 2:18-22 Jesús se reveló a sí mismo como el nuevo templo. A través de su muerte y resurrección (la cual cubriremos en la sección final de este estudio) hizo que la presencia de Dios estuviera disponible para todos en todo lugar. La manera en la que manejó esta información se conoce como el secreto mesiánico, lo cual es una forma de decir que Él fue intencional al escoger momentos en los que revelaba su identidad como Mesías.

6. **Repasa 2:23-25.** Nuestro día termina con el conocimiento de Jesús de "lo que había en el interior del hombre". Utilizando Salmos 51:10-12 como guía de oración, pregúntale al Espíritu Santo si hay alguna parte de tu interior que Él deba confrontar y limpiar.

DÍA 4

JUAN 3:1-21

LEE JUAN 3:1-21

1. **Repasa 3:1-2 y, con la ayuda de una búsqueda rápida en el internet, completa este perfil de Nicodemo.**

Me llamo Nicodemo, que significa "______________________".

Mi ocupación	
Mi posición en la comunidad judía	
Mi momento favorito para visitar a Jesús	

Nicodemo ya tenía algo de conocimiento de quién era Jesús, pero a diferencia de muchos otros fariseos, no había descartado a Jesús.

2. **Repasa 3:1-15.**

Llevar a cabo diálogos de preguntas y respuestas era una práctica común para los rabinos a la hora de buscar aumentar su sabiduría y profundizar su conocimiento. Era una señal de respeto y honor. La vulnerabilidad poco común de Nicodemo y su curiosidad sincera lo llevaron a buscar a Jesús por su cuenta. Jesús respondió con honor entablando una larga conversación con él.

3. ¿Cuáles fueron las tres preguntas que le hizo Nicodemo a Jesús? Escríbelas a continuación.

Jesús y Nicodemo comenzaron su intercambio rabínico con una conversación acerca de "nacer de nuevo". Según las enseñanzas judías, los israelitas tenían un lugar asegurado en el cielo por el simple hecho de ser descendientes de Abraham. Pero Jesús fue claro: un "pedigrí" no te asegura acceso a la vida eterna. Debemos nacer *de nuevo*: a una nueva familia y a una nueva vida.

4. **Lee Ezequiel 36:25-28 y repasa Juan 1:12-13.** ¿Cómo reveló Juan que Jesús era el cumplimiento de esta profecía del Antiguo Testamento?

Juan insistía en el mensaje de que no nos hacemos "justos" con logros externos o linajes biológicos. La salvación no es algo hereditario. Puede parecer mejor opción sacar las buenas obras y los árboles familiares como "pruebas" de nuestra justicia, pero las realidades celestiales no pueden alcanzarse mediante búsquedas terrenales. Para acceder a la familia de Dios, la vida abundante del Espíritu y la esperanza eterna del cielo, debemos apartar nuestra mente de las cosas terrenales y ponerla en las cosas celestiales. Jesús es el cumplimiento profético de ser lavados "de todas nuestras inmundicias". Él es el único que puede darnos un corazón nuevo. Él es la garantía de un nuevo espíritu.

5. En 3:13-14 Jesús dejó clara su autoridad para hacer este tipo de afirmaciones. **Utilizando un comentario, busca la importancia del título Hijo del Hombre. Después lee números 21:4-9.** ¿Qué crees que Juan está revelando acerca de la identidad de Jesús?

Nicodemo estaría muy familiarizado con esta historia, pero es muy improbable que entendiera su significado completo en ese momento. Recuerda esta historia cuando volvamos a verlo en Juan 19. ¿Es posible que él recordara esta conversación secreta cuando vio a Jesús colgado de la cruz?

6. **Repasa 3:16-21.**

7. Puede que hayas oído el v. 3:16 desde la infancia, pero es importante leerlo con todo el contexto que se presenta en 3:17-19. Como herramienta para ayudarte a estudiar el texto y no solo observarlo, señala a continuación con un círculo la respuestas correctas basándote en el texto.

¿Cuál era la motivación de Dios al enviar a Jesús?	Amor	Ira
¿Cuál era la misión principal de Jesús?	Condenación	Salvación
¿Qué reciben las personas cuando creen en Jesús?	Vida eterna	Una vida mejor
¿Qué reciben las personas cuando no creen en Jesús?	Juicio	Una segunda oportunidad

¿No te parece increíble que este famoso pasaje se dijo a un hombre que parecía ser la persona que menos lo necesitaba? A veces, aquellos que más familiarizados estamos con la Biblia necesitamos los recordatorios más grandes de las hermosas y poderosas verdades del evangelio.

8. **Repasa 3:19-21 y después lee 1 Juan 4:13-18 (Juan escribió ambos).** ¿Qué crees que estaba intentando mostrarnos Juan acerca de la luz y el amor?

Un problema trágico de nuestra naturaleza de pecado es que parece más seguro mantener las cosas ocultas. Nos estremece la idea de que nuestros pensamientos sean anunciados en Times Square. *No, gracias.* Parece más seguro mantener ocultas algunas partes de nosotros mismos. Si somos sinceros, puede que guardemos una gran parte de nuestras vidas en la oscuridad, donde muy pocas personas (o ninguna) pueden ver. Nos encanta la oscuridad.

Cuando Jesús vino al mundo, vino para ser visto. Vino para mirar las partes más oscuras de nuestras vidas: el pecado que preferiríamos no ver y los patrones pocos saludables que nos gustaría proteger. Con amor, Él ilumina los rincones más oscuros de nuestros corazones para revelar nuestra gran necesidad de Él. La luz no llega a un lugar para hacer las paces con la oscuridad; llega para tomar el control.

Al principio nuestra respuesta puede ser la de ofendernos, de la misma manera en que cerramos los ojos inmediatamente cuando alguien prende las luces en una habitación oscura; sin embargo, la única forma de desenamorarse de la oscuridad y su ilusión de seguridad es enamorarse más de la Luz de la vida.

9. ¿Puedes pensar en una cosa que guardas en la oscuridad? Escribe una oración pidiéndole al Espíritu Santo que te dé la fuerza para exponer con humildad tu pecado a la luz del amor de Jesús.

DÍA 5

JUAN 3:22-36

LEE JUAN 3:22-36

Comenzamos la semana leyendo el testimonio de JEB; por lo tanto, ¿por qué no terminarla con otro?

Un paréntesis: puede no parecer muy importante, pero la explicación de 3:24 es un ejemplo de una decisión estilística común en los escritos de Juan que deberías buscar a lo largo de todo el libro. Juan añadió comentarios personales a lo largo de su relato para aclarar preguntas que podrían surgir en las comunidades cristianas en las que ya circulaban los otros Evangelios. Es una divertida búsqueda del tesoro para el resto de tu estudio.

1. **Repasa 3:22-26** y después reflexiona en estas preguntas:

¿Cuál era la importancia del debate sobre la purificación?

¿Por qué se molestaron tanto los discípulos de JEB?

Estos versículos de introducción revelan dos tendencias humanas: la competición y la comparación. ¿Te sientes identificado? No sabemos exactamente cuál era el debate acerca de la purificación; tal vez a algunos judíos no les gustaba que JEB llevaba a cabo los rituales de purificación a través de un "bautismo de arrepentimiento". Parece que lo importante no eran los detalles del debate sino las consecuencias de lo que estaba sucediendo: los discípulos de JEB temían la influencia de Jesús, que iba en aumento. Parece que se preguntaban: *Si Jesús comienza a atraer a las multitudes, ¿qué haremos nosotros?*

2. **Repasa 3:27-30**, donde JEB explicó por qué eso era en realidad algo bueno, ¡Alegrémonos con él! Utilizando el texto y algunas herramientas de estudio bíblico, completa la siguiente tabla.

Llena los espacios en blanco	"Ningún hombre ____________ recibir ____________ si no le es ___________ del ____________".
Llena los espacios en blanco	"Yo _________ soy _________ ______________..."
¿Qué es un "novio"?	
¿Qué relación tenía JEB con el novio?	
¿Cuál fue la respuesta de JEB a su función?	
Llena los espacios en blanco	"Es necesario que Él ______________, y que yo ________________".

JEB dijo seis veces y de seis maneras diferentes que el objetivo era que los seguidores de Jesús aumentaran. ¡JEB no solo tenía la intención de que Jesús lo superara en seguidores y fama, sino que eso también completaba su gozo!

3. **Busca Isaías 62:3-5.**

El apóstol Juan y JEB estaban trabajando juntos para revelar algo hermoso acerca del novio.

Primero, estaban revelando la divinidad de Jesús. El Antiguo Testamento se refería a Dios como el "novio" de Israel. Jesús era el novio enviado a buscar a su novia global. En otras palabras, *Jesús es Dios*.

Segundo, lo más importante de una boda es la novia y el novio. Si alguna vez asistes a una fiesta de boda, sabes que estás ahí solamente para apoyar. Según la tradición de las bodas judías, el "amigo del novio" se encargaba de muchos de los detalles de la boda e incluso traía a la novia al novio para después pasar a un segundo plano. JEB les estaba diciendo a sus discípulos: "Estoy haciendo mi trabajo. La novia de la iglesia del futuro se acerca al novio. Y nada me hace más feliz".

JEB terminó hablando del "crecimiento" de Jesús. Sabemos que Jesús ya es perfecto, por lo que su "crecimiento" no era que pudiese de alguna forma hacerse mejor o más grande. JEB se refería a que su propio "menguar" magnificaba la grandeza inherente de Jesús hacia el mundo que lo rodeaba.

La Trinidad (Padre, Hijo y Espíritu Santo) ha estado haciendo eso desde siempre: magnificándose el uno al otro y dándose gloria el uno al otro. Sabiendo que había sido creado a su imagen, JEB hizo lo mismo. Estaba obsesionado con la persona de Jesús, quitando la atención de sí mismo y poniéndola sobre Cristo para darle más gloria.

4. **Repasa 3:31-36.** JEB concluyó magnificando la persona de Jesús. Encierra con un círculo el motivo de ser magnificado que te impacte más o que sea nuevo para ti.

Jesús fue enviado de arriba y está por encima de todo.

Jesús había visto y oído del Padre mismo.

Jesús habló las palabras de Dios.

Jesús estaba lleno del Espíritu Santo.

Jesús podía entregar al Espíritu Santo "sin medida".

Jesús era plenamente amado por el Padre.

A Jesús le fue confiado todo lo que le pertenecía a Dios.

JEB sabía que el verdadero gozo se encontraba en magnificar la vida de Cristo. Y su magnificación gozosa de Jesús siempre terminaba con una invitación: cree en Él y vivirás; desobedece y permanece en juicio. Con amabilidad, llamaba a todos a creer y arrepentirse (Romanos 2:4). Ese llamado sigue estando hoy lleno de amabilidad.

¡Que nuestras vidas también estén completas a medida que nos unamos a JEB para magnificar a Cristo juntos! ¡En Él está el gozo!

5. ¿Qué es lo que más te impactó en el estudio de esta semana? ¿Por qué?

6. ¿Qué aprendiste o recordaste sobre Dios y su carácter esta semana?

DÍA 6

SALMO CORRESPONDIENTE Y ORACIÓN

LEE SALMOS 19

1. ¿Qué correlación ves entre Salmos 19 y el estudio de esta semana sobre Jesús como Dios?

2. ¿Qué porciones de este salmo captan más tu atención?

3. Termina haciendo esta oración en voz alta:

Padre,

¡Ni los cielos pueden dejar de alabarte! Su hermosura infinita proclama tu gloria infinita. Tu Hijo es la Palabra: el cumplimiento de la bondad, la verdad y la belleza de la Escritura. El Santísimo bajó para vivir entre nosotros y redimirnos. Tú eres digno de toda nuestra adoración y toda nuestra alabanza.

Sin embargo, aunque Juan el Bautista nos enseñó a magnificar a tu Hijo, la mayoría de mis pensamientos están más enfocados en mis problemas temporales que en tu bondad eterna. Y aunque Juan el discípulo nos imploró que creyéramos, no siempre vivo como si lo hiciera.

Como escribió David en el salmo, tu ley es perfecta y hace sabios a personas sencillas como yo. Señor, hazme sabio. Que mi oración y mi estudio (las palabras de mi boca y la meditación de mi corazón) sean aceptables ante tus ojos. Que sean el viento que me lleve más cerca de ti todos los días de mi vida. Y que me dé cuenta de que tú me cargas en brazos y no camino solo.

Como sus discípulos, que pueda seguir a Jesús todos los días de mi vida.

Te rindo mi vida, Señor; en cada momento de mi día y en cada decisión que tome, entrego mi voluntad y mi camino a tu perfecta voluntad y a tu camino.

Yo también te amo. Amén.

DÍA 7

DESCANSA, PONTE AL DÍA O PROFUNDIZA

RETO SEMANAL

Los días 1 y 5 muestran que Jesús era el protagonista del testimonio de JEB. Él nunca intentó ser el centro de atención. Esta semana, tómate el tiempo para escribir tu testimonio y analizar si el foco está puesto en ti mismo o en Jesús. Después de haberlo repasado (y tal vez haber hecho alguna edición), comparte tu testimonio acerca de Jesús con un amigo.

SEMANA 2

Juan 4-5:

La autoridad de Dios

VERSÍCULO PARA MEMORIZAR

Miren las aves del cielo, que no siembran, ni siegan, ni recogen en graneros, y sin embargo, el Padre celestial las alimenta. ¿No son ustedes de mucho más valor que ellas?
Juan 15:2

LECTURA BÍBLICA DIARIA

Día 1: Juan 4:1-30

Día 2: Juan 4:31-54

Día 3: Juan 5:1-17

Día 4: Juan 5:18-29

Día 5: Juan 5:30-47

Día 6: Salmos 36

Día 7: Para ponerte al día

Corresponde a los días 279 y 281 de *La sinopsis de la Biblia*

RETO SEMANAL

Ver la página 62 para más información.

DÍA 1

JUAN 4:1-30

LEE JUAN 4:1-30

1. **Repasa 4:1-6.**

Las noticias del ministerio de Jesús habían llegado a los fariseos, así que Jesús se dirigió al norte de Galilea. Los judíos piadosos preferían evitar Samaria, una región que consideraban "impura", así que tomaban el camino largo atravesando el desierto de Judea hasta llegar a la frondosa Galilea, pero Juan dijo que Jesús "tenía que pasar por Samaria".

2. Usa un comentario bíblico para responder estas preguntas de contexto:

¿Qué ocurrió en Sicar (el antiguo Siquem) que fue importante para los judíos?

¿Quiénes eran los samaritanos y por qué los judíos los consideraban impuros?

Jesús era completamente Dios, pero también era humano, así que no es sorprendente que sintiera calor y cansancio por el viaje de todo el día a través del desierto. Era costumbre (y práctico) que las mujeres sacaran agua durante las horas más frescas del día, por lo que el pozo probablemente estaba tranquilo al mediodía, cuando el calor comenzaba a intensificarse.

3. **Repasa Juan 4:7-15.**

Había dos posibles razones por las que una mujer estaría en el pozo bajo el calor del día: tenía una necesidad repentina de agua, o era una marginada social. Independientemente de cuál fuera la razón que la llevó allí, Jesús rompió múltiples tradiciones religiosas al hablar con esta mujer. Los rabinos no hablaban con mujeres en público, y mucho menos con mujeres de Samaria con mala reputación. Pero Jesús no solo le habló: ¡le pidió que le diera de beber!

4. ¿Qué revela sobre el corazón de Dios el hecho de que Jesús iniciara una conversación con una mujer samaritana?

La mayoría de nosotros no hemos reflexionado mucho sobre el desafío de encontrar agua porque vivimos con la bendición de tenerla en casa a través de modernas instalaciones, pero moriríamos después de tres días sin ella. En el antiguo Israel, el agua potable provenía de tres fuentes principales: cisternas, pozos y manantiales. Las cisternas recolectaban agua de lluvia en un gran agujero en el suelo. Era la fuente menos deseable, ya que tendía a recoger más que solo agua (usa tu imaginación). Los pozos generalmente tenían agua limpia de un manantial subterráneo, pero requerían un esfuerzo importante para sacarla. Los manantiales eran la fuente preferida porque eran limpios, frescos y era fácil sacar el agua.

Jesús comenzó su conversación hablando sobre cosas del ámbito físico, pero rápidamente hizo la transición al ámbito espiritual; sin embargo, la mujer no captó esa transición.

5. Si Jesús no estaba hablando de agua física, ¿de qué estaba hablando en Juan 4:10 y 4:13-14?

La respuesta de la mujer a la oferta de Jesús de agua viva y eterna fue lógica y práctica, porque ella seguía pensando en el ámbito físico. Si Jesús podía hacer su vida más fácil y brindarle más comodidad, ¡ella estaba totalmente a favor! Pero Jesús, hablando del ámbito espiritual, sabía que ella tendría que entender su mensaje y confrontar el caos en su vida antes de aceptar su oferta.

6. ¿Algunas veces buscas a Jesús esperando que haga tu vida más fácil y conveniente, sin enfrentar tus propios conflictos internos? ¿Por qué esta mentalidad nos deja insatisfechos?

7. **Repasa Juan 4:16-30.**

Jesús conocía cada detalle de la situación de la mujer, pero con mucha habilidad le dio la oportunidad *a ella* de sacar a la luz la verdad.

8. ¿Cuál era la turbulenta situación de la mujer? ¿Cómo pudo haberla convertido en una marginada?

No sabemos cómo terminó la mujer en esta situación, pero una teoría interesante es que era estéril. Cuando no pudo tener hijos para sus esposos, ellos se divorciaron de ella dejándola sin otra opción más que volver a casarse para asegurar su sustento. Y no solo el divorcio era una gran causa de vergüenza en esa época, sino también la esterilidad. Fuera o no el caso, su historia probablemente era un tema delicado.

En Juan 4:19 la mujer samaritana comenzó a reconocer que algo espiritual estaba ocurriendo, así que ajustó la conversación hacia un tema espiritual: la adoración. En lugar de entrar en el debate de quién adoraba correctamente, Jesús apuntó a lo que estaba por venir y la invitó a ser parte de ello.

9. **Busca este tema de la adoración en un comentario.** ¿Cuáles eran los dos lugares de adoración? ¿Por qué era un debate controvertido?

No te pierdas lo que ocurrió después. Presta atención. Jesús no solo interactuó con esta mujer "impura" que había tenido múltiples esposos (y habló con ella a solas, nada menos), sino que le dijo de manera clara e inequívoca que Él era el tan esperado Mesías. No solo un rabino. No solo un filósofo. No solo un hombre justo, sino *El Mesías*. El que vendría a salvar a personas de toda tribu y nación, incluida la de ella.

Las palabras de Jesús cambiaron a esta mujer. Dejó el pozo donde había estado evitando a la gente para ir a la ciudad a compartir la buena noticia: ¡El Mesías había venido a ellos!

DÍA 2

JUAN 4:31-54

LEE JUAN 4:31-54

1. **Repasa 4:31-38.**

Así como lo hizo con la mujer del pozo, Jesús dio una respuesta espiritual a la sugerencia física de los discípulos de que comiera. No estaba diciendo que debieran descuidar el hambre, sino que su satisfacción principal superaba las necesidades físicas.

2. Según Jesús, ¿cuál era su principal alimento espiritual mientras estaba en la tierra?

La referencia a "cuatro meses hasta la siega" puede no tener mucho sentido para nosotros, pero Jesús se refería a un dicho agrícola común. Siempre había un intervalo entre plantar y cosechar, un proceso y una línea de tiempo naturales. Jesús quería que los discípulos vieran el trabajo espiritual de la misma manera: Dios había estado trabajando de antemano, plantando la semilla del evangelio, y era hora de que ellos recogieran la cosecha. Cuando Dios llama a sus seguidores a actuar y proclamar su nombre, podemos estar seguros de que Él ya ha comenzado a trabajar en los lugares a los que nos llama.

3. ¿Cuáles son algunos ejemplos modernos de 4:37-38? ¿Has experimentado algo así en tu vida espiritual o en otro ámbito? En ese caso, descríbelo brevemente.

4. **Repasa 4:39-42.**

Casi de inmediato, los discípulos de Jesús vieron un ejemplo de una cosecha espiritual madura por la que no trabajaron. Mientras ellos hablaban, ¡la mujer estaba trabajando! Estaba contando a todos los que quisieran escuchar acerca del hombre que sabía todo lo que ella había hecho y que era el Mesías.

5. Según 4:39-42, ¿cuáles de los elementos a continuación llevaron a la gente de Sicar a saber que Jesús era el Salvador del mundo? Señala con un círculo todos los que correspondan.

- El testimonio de la mujer sobre Jesús
- El agua del pozo
- Una comprensión de la agricultura
- Las palabras de Jesús
- Los milagros que Jesús hizo

6. **Repasa 4:43-45.**

7. **Busca el 4:44 en un comentario bíblico.** ¿Por qué fue bueno que Jesús viajara a un lugar donde era conocido pero no honrado?

8. **Repasa 4:46-54.**

De regreso en Caná, Jesús realizó su segunda señal pública. Un noble de Capernaúm, la base de operaciones de Jesús, viajó unos treinta kilómetros para rogarle a Jesús que fuera a sanar a su hijo, quien estaba al borde de la muerte. Aunque Jesús había realizado señales milagrosas, estas no eran su objetivo principal. La respuesta de Jesús al hombre puede parecernos dura, pero él estaba refiriéndose al llamado cultural más amplio de milagros y señales. Esto es evidente porque en el original utilizó el plural *ustedes* en su respuesta.

¿Qué le pidió el hombre a Jesús?	¿Qué hizo realmente Jesús?	¿Por qué es importante esta diferencia?

Jesús le ordenó al hombre que se fuera y prometió que su hijo viviría. El hombre decidió creer la promesa y obedecer el mandato de Jesús *antes* de poder ver el milagro. De hecho, el v. 4:51 nos dice que fue el siervo quien vio el milagro; el oficial solo vio el resultado. Su obediencia le permitió ver el fruto de la obra de Jesús. Ver ese fruto profundizó su fe y, como resultado, toda su familia creyó también. ¿No es típico de Jesús usar un milagro para demostrar que creer en Él es más importante que los milagros?

La mayoría de nosotros querríamos ver el milagro antes de decidir creer y obedecer. Hay poder en creer el mensaje y la verdad sobre Jesús, incluso cuando no estamos viendo lo milagroso. Los milagros nunca son lo más importante; solo *apuntan* a lo más importante.

9. ¿Alguna vez has experimentado algo que describirías como milagroso (sin importar cuán amplio o estrecho sea tu concepto de esa palabra)? Si es así, ¿qué aprendiste de esa experiencia?

DÍA 3

JUAN 5:1-17

LEE JUAN 5:1-17

Hoy vemos la tercera señal pública del ministerio de Jesús. Recuerda que no se trata del milagro en sí, sino de lo que el milagro señala y a quién señala.

1. **Repasa 5:1-9.**

Cada año, los judíos de todo Israel hacían las maletas y viajaban en familia a Jerusalén para tres fiestas principales, pero Juan no nos dice cuál era esta. Durante la Pascua, Pentecostés y Purim, la ciudad de aproximadamente veinticinco mil habitantes se llenaba hasta cinco veces esa cantidad, ya que la gente iba al templo para encontrarse con Dios.[1] Cerca del templo, había un estanque donde se reunían personas enfermas, heridas y discapacitadas.

2. Probablemente en tu Biblia no hay Juan 5:4, pero puede que tengas una nota a pie de página que te diga lo que dice tal versículo. **Usa un comentario bíblico para averiguar por qué este versículo ha sido relegado a las notas a pie de página.**

---

1. Los estudiosos estiman que la población de Jerusalén era de 25 000 a 55 000 personas, y de 150 000 a 180 000 durante las festividades.

Ya sea que Juan 5:4 sea verdad o leyenda, el estanque de Betesda atraía a personas que necesitaban sanidad. ¡Una de esas personas era un hombre que había estado discapacitado por treinta y ocho años! La esperanza de vida para los adultos en el Israel del primer siglo era de alrededor de cincuenta y cinco años, así que, cualquiera que fuera su edad, probablemente había pasado la mayor parte de su vida con dolor. Y, en medio de la multitud de personas necesitadas, *Jesús lo vio.*

3. ¿Qué le preguntó Jesús al hombre? ¿Por qué esta pregunta podría parecer extraña?

Algunos dicen que el hombre estaba allí porque estaba satisfecho viviendo como inválido; después de todo, mendigar junto al estanque era su fuente de ingresos, y la recompensa probablemente era mayor durante una fiesta religiosa. Otros sugieren que todavía mantenía una pizca de esperanza de que sería sanado.

El hombre supuso que Jesús sabía cómo funcionaba la dinámica de sanidad en el estanque, así que, en lugar de responder a la pregunta de Jesús, le explicó por qué la sanidad no era posible. Parece que el hombre ni en sus mejores sueños podía ver un camino más allá de su discapacidad.

4. ¿Te identificas con alguna de las siguientes situaciones? ¿Por qué sí o por qué no?

a. Estás cómodo manejando el quebranto de tu vida. Prefieres seguir lidiando con la rutina y sus consecuencias que enfrentarte a los resultados desconocidos de una sanidad.

b. Quieres con todas tus fuerzas ser sanado de tu quebranto. Toda tu vida está consumida por la esperanza de obtener libertad, pero simplemente no puedes ver ni encontrar el camino para alcanzarla.

Jesús respondió a la excusa del hombre diciéndole que hiciera algo que físicamente no podía hacer. En ese momento sagrado, el hombre tuvo que creer en Jesús para lo que parecía imposible. El hombre no respondió con: "Pero no puedo, ¿para qué intentarlo?", así que podemos suponer que Jesús le dio no solo sanidad física, sino también la fe que necesitaba para obedecer.

Ver a Jesús sanar a este hombre que había pasado años en dolor y necesidad inspira esperanza y asombro. Tal vez incluso nos da esperanza de sanidad en nuestras propias vidas. Pero la sanidad fue solo el comienzo de la historia de este hombre, y no terminó sin más lucha.

5. **Usa una herramienta de estudio bíblico para investigar cómo los judíos del primer siglo veían el sábado.** ¿Cuál era la ley original de Dios? ¿Qué reglas eran hechas por los hombres?

6. **Repasa 5:10-17.**

Cuando Juan usó la expresión "los judíos", es útil saber que estaba hablando de los líderes religiosos que se oponían a Jesús, no de todo el pueblo judío.

7. ¿Cómo responderías si vieras a un hombre que había estado paralítico por treinta y ocho años cargando su cama? ¿Cómo respondieron los líderes judíos? ¿Por qué?

Los líderes religiosos no solo acusaban *al hombre* de pecar, sino que también acusaban a *Jesús*. Descartaron completamente el hecho de que había ocurrido un milagro y solo querían castigar a los "pecadores", así que intentaron localizar al sanador. Pero el hombre no sabía quién era Jesús, porque Él se había apartado rápidamente después de la sanidad. (Vale la pena señalar que Jesús parecía haber ido al estanque no para un servicio de sanidad masivo, sino *solo por este hombre*).

8. Según la ley judía, las personas enfermas y discapacitadas eran consideradas impuras y, por lo tanto, no podían entrar al templo. ¿Por qué crees que fue importante para él ir al templo?

Jesús no solo se preocupaba por la sanidad física del hombre, sino también por su sanidad espiritual. Jesús lo buscó nuevamente, pero esta vez fue para asegurarse de que entendiera que las consecuencias eternas del pecado son mucho peores que la incapacidad de caminar.

No sabemos cuál fue la motivación del hombre, pero regresó para decirles a los líderes religiosos que había sido Jesús quien lo había sanado. Los líderes estaban más enfocados en lo que Jesús había "roto" que en lo que había sanado. ¡La respuesta de Jesús a su incapacidad de ver el cuadro completo fue impactante! Proclamó su unidad y filiación con Dios e insistió en que Dios estaba trabajando, así que era completamente natural que Él también estuviera trabajando. Jesús no había roto nada. ¡Su objetivo era sanar y restaurar!

DÍA 4

JUAN 5:18-29

LEE JUAN 5:18-29

1. **Repasa 5:16-18.**

El escenario estaba listo; el enfrentamiento de Jesús con los líderes religiosos había comenzado oficialmente. Jesús había estado rompiendo las tradiciones sabáticas de los fariseos, diciendo que Dios estaba de su lado en el debate, ¡y afirmando que Dios era su propio Padre! Los líderes religiosos no pasaron por alto que Jesús estaba declarando igualdad con Dios; se comprometieron plenamente a detenerlo, y sabían que eso significaba darle muerte.

2. **Repasa 5:19-24.** ¿Por qué crees que los líderes religiosos se ofendieron tanto por la afirmación de Jesús de unidad con el Padre?

Es fácil malinterpretar las palabras de Jesús en Juan 5:19. Él usó un lenguaje rabínico estándar en su respuesta a estos líderes religiosos. Relacionó su trabajo en el sábado con su sumisión a la voluntad y obra del Padre. No estaba actuando como un subordinado, sino como un igual que desempeñaba un rol único en su plan divino. Dios el Padre y Dios el Hijo son iguales en poder, pero llevan a cabo roles diferentes en el proceso de salvación para aquellos que Él adopta en su familia. La unidad entre el Padre y el Hijo es fundamental en el plan de Dios para su creación, ya sea para juicio o para vida eterna.

Como la mayoría de nosotros no estamos familiarizados con la estructura de la oratoria rabínica del primer siglo, puede parecer que Jesús cambió de tema abruptamente cuando mencionó el juicio en el 5:22. Pero Jesús simplemente estaba dando otro ejemplo de la división de roles entre el Padre y el Hijo (por cierto, Dios el Espíritu también forma parte de este plan y división de roles; eso simplemente no se trata en este texto en particular). Mientras que el Padre tiene poder sobre la vida y la muerte, al Hijo se le dio el papel de juez.

3. Según el 5:23, ¿por qué Jesús tiene el papel de juez?

El Padre tiene autoridad sobre la vida y la muerte, y el Hijo tiene autoridad sobre el juicio. Juntos comparten la autoridad sobre las vidas eternas de aquellos que escuchan y responden al mensaje del Hijo.

4. **Vuelve a leer el 5:24.** ¿Cómo revela este versículo que la información acerca de Dios no siempre conduce a una transformación del corazón? ¿Has descubierto que esto es cierto en tu propia vida? Si es así, descríbelo.

5. **Repasa 5:25-29.**

En 5:25 Jesús dijo que hasta los muertos escucharían su voz y vivirían eternamente. Podría haber estado hablando de aquellos que estaban físicamente muertos, pero es mucho más probable que estuviera hablando de aquellos que estaban espiritualmente muertos. De cualquier manera, ¡es una hazaña que solo Dios podría cumplir!

6. Con lo que hemos aprendido hasta ahora, **usa un comentario bíblico para reescribir 5:26-27 con tus propias palabras.**

Jesús les dijo a sus oyentes que su autoridad se extendía más allá de lo temporal y alcanzaba lo eterno. Cada ser humano tiene una eternidad por delante, por lo que el peso de 5:28-29 no puede subestimarse. Según Jesús, llegará un momento en el que cada persona tendrá que dar cuentas de su vida delante de Dios.

7. **Lee Hebreos 4:13.** ¿Cómo te consuela este versículo? ¿Cómo te confronta este versículo?

En 5:29 Jesús dijo que la eternidad que espera a aquellos que han hecho el bien es vida, y la eternidad que espera a aquellos que han hecho el mal es juicio. Jesús *no* estaba diciendo que la salvación se basa en obras. Jesús dejó claro repetidamente que la fe en Él era el único camino a la vida eterna; sin embargo, como aclaró el hermano de Jesús, Santiago, en Santiago 2, la fe sin obras está muerta.

Mañana profundizaremos en la segunda mitad de la conversación de Jesús con los rabinos, donde explicó más sobre su divinidad.

DÍA 5

JUAN 5:30-47

LEE JUAN 5:30-47

1. **Repasa 5:30-32.**

2. **Lee Deuteronomio 19:15.** Según la ley judía, ¿cuántos testigos se requerían para que algo fuera probado como cierto? ¿Por qué aclara esta información el significado de 5:31?

En la lectura de hoy, Jesús presentó un caso completo ante los gobernantes religiosos para probar que Él es el Hijo enviado por el Padre. Es como si Jesús estuviera presentando argumentos ante un gran jurado. Por lo tanto, abordaremos el estudio de hoy explorando la naturaleza legal de este texto.

3. **Repasa 5:33-47.**

4. En 5:32 Jesús dijo que tenía testigos que apoyaban su relación con el Padre. Aunque solo necesitaba dos o tres testigos, proporcionó cinco. Relaciona el versículo con quién o qué dio testimonio sobre su divinidad.

5:33-35	Moisés
5:36	Las Escrituras
5:37-38	JEB
5:39	Las obras de Jesús
5:45-47	El Padre

El primer testigo de Jesús fue su primo: JEB. Jesús no necesitaba el testimonio de Juan, pero sabía que su audiencia sí lo necesitaba. Ellos sabían quién era JEB, y Jesús incluso dio a entender que estaban dispuestos a escucharlo y les gustaba lo que tenía que decir... por un tiempo. Juan sacó la verdad a la luz, pero ellos se negaron a verla.

El segundo testigo fue la evidencia física de los milagros de Jesús. Este fue un testimonio aún mayor que el de JEB ¡porque no podía ser discutido! Al hacer la obra del Padre, Jesús demostró más que su poder: demostró su divinidad. Sin embargo, como leímos antes esta semana, a los líderes religiosos les preocupaba más que se rompieran sus leyes hechas por el hombre que los milagros.

El tercer testigo en el juicio fue el propio Padre.

5. ¿Cuáles fueron las cuatro acusaciones que Jesús enumeró contra los líderes religiosos en relación con su tercer testigo? Llena los espacios en blanco con 5:37-38.

Ustedes no han __________ jamás Su __________ ni han __________ Su ______________.

Y ______ __________ no la tienen ____________ en ____________, porque no ____________ en ____________ que Él ______________.

Tiene sentido que Jesús dijera que las Escrituras hablaban de Él, porque ya había establecido a Dios como su testigo, y Dios y las Escrituras nunca están en desacuerdo. ¡Qué cuarto testigo más poderoso para usar en un argumento con los estudiosos religiosos!

6. Cuando Jesús se refirió a las Escrituras, ¿de qué estaba hablando?

Estos hombres se enorgullecían de su conocimiento de la Escritura y de su capacidad para interpretar su significado. En su entendimiento humano finito, pensaban que el llamado más alto de Dios era conocer y guardar la ley mosaica al pie de la letra. Buscaban la salvación a través de sus propias buenas obras. No es de extrañar que fueran tan orgullosos.

Las cosas que Jesús dijo en 5:40-43 construyeron su argumento principal contra sus acusadores en el v. 44. Jesús presentó un caso legal claro, pero sabía que ellos no lo aceptarían.

7. ¿Por qué los líderes religiosos no creían? Completa la tabla a continuación.

Versículo	Acusación de Jesús contra los líderes religiosos
5:40	
5:41	
5:42	
5:43b	

En 5:44 Jesús resumió todas las razones con un factor clave: el orgullo. Estos hombres religiosos estaban dispuestos a intercambiar el honor de Dios por la gratificación inmediata del honor de los demás. En el sermón de Charles Spurgeon, "Por qué los hombres no pueden creer en Cristo", dijo: "Cuando un hombre comienza a sentir que debe ser honrado, está en

peligro extremo".[2] Cuando parecer impresionantes para los demás supera nuestra necesidad de honrar al Señor, comenzamos a hacer concesiones que nunca esperamos hacer. Podemos terminar dependiendo de otros para algo que solo puede venir del Padre.

8. Piensa en un momento en el que buscaste la aprobación de las personas en lugar de la aprobación de Dios. ¿Cuál fue el resultado?

Aunque Jesús había superado el umbral de dos o tres testigos de la ley del Antiguo Testamento, trajo un testigo sorpresa al final. Una acusación de Jesús no tenía peso para ellos porque no les importaba lo que Jesús pensara, pero la opinión de Moisés sí que les importaba. Moisés les dio la ley de Dios, y era la ley en la que estos supuestos líderes confiaban para la salvación.

9. ¿Por qué Moisés acusaría a los líderes religiosos ante el Padre? **Consulta 5:45-47 en un comentario si necesitas ayuda.**

Estos hombres habían construido sus vidas sobre las palabras de Moisés. Debieron haberse saltado lo que Moisés dijo en Deuteronomio 18:15: "Un profeta de en medio de ti, de tus hermanos, como yo, te levantará el Señor tu Dios; a él oirán". Moisés sabía que Jesús vendría, y quería que todos escucharan a Jesús, porque Él es la fuente de gozo.

2. Charles Haddon Spurgeon, "Why Men Cannot Believe in Christ," Metropolitan Tabernacle Pulpit, vol. 21, https://www.spurgeon.org/resource-library/sermons/why-men-cannot-believe-in-christ.

10. ¿Qué es lo que más te impactó en el estudio de esta semana? ¿Por qué?

11. ¿Qué aprendiste o recordaste sobre Dios y su carácter esta semana?

DÍA 6

SALMO CORRESPONDIENTE Y ORACIÓN

LEE SALMOS 36

1. ¿Qué correlación ves entre Salmos 36 y el estudio de esta semana sobre Jesús y su reino?

2. ¿Qué porciones de este salmo captan más tu atención?

3. Termina haciendo esta oración en voz alta:

Padre,

"Tu misericordia... se extiende hasta los cielos, tu fidelidad, hasta el firmamento" (Salmos 36:5). Eres poderoso, bueno y bondadoso; cuidas perfectamente de tus hijos.

Como los fariseos, me he preocupado más por las apariencias que por la verdadera obediencia. He buscado mi propia gloria. He perseguido la aprobación de los demás. He estado tan obsesionado con demostrar mi propia justicia que he perdido de vista el milagro de tu misericordia constante.

Recuérdame, cuando beba, que tú eres la fuente de la vida. Recuérdame, cuando coma, que me invitas a disfrutar abundantemente. Recuérdame, cuando me acueste, que tú eres mi refugio. Recuérdame, cuando despierte, que tú eres la luz. Que mis acciones diarias me apunten a verdades eternas.

Todo lo que has prometido, lo creo. A donde sea que me guíes, iré. Rindo mi vida a ti, Señor; en cada momento de mi día y en cada decisión que tome, cedo mi voluntad y mi camino a tu perfecta voluntad y camino.

Yo también te amo. Amén.

DÍA 7

DESCANSA, PONTE AL DÍA O PROFUNDIZA

RETO SEMANAL

El día 5 leímos sobre cómo Jesús presentó un caso ante los líderes religiosos, explicando su relación con el Padre. La Escritura nos anima a estar siempre "preparados para presentar defensa ante todo el que les demande razón de la esperanza que hay en ustedes, pero háganlo con mansedumbre y reverencia" (1 Pedro 3:15). Muchas personas no creen en la verdad porque nunca se les ha explicado la verdad. Esta semana, elige una pregunta de apologética e investiga la respuesta para que puedas crecer en tu entendimiento de la verdad. Intenta usar al menos tres fuentes confiables en tu proceso.

VERSÍCULO PARA MEMORIZAR

Ustedes ya están limpios por la palabra que les he hablado.
Juan 15:3

SEMANA 3

Juan 6-7:

La soberanía de Dios

LECTURA BÍBLICA DIARIA

Día 1: Juan 6:1-21

Día 2: Juan 6:22-59

Día 3: Juan 6:60-71

Día 4: Juan 7:1-31

Día 5: Juan 7:32-52

Día 6: Salmos 139

Día 7: Para ponerte al día

Corresponde a los días 291 y 296 de *La sinopsis de la Biblia*

RETO SEMANAL

Ver la página 84 para más información.

DÍA 1

JUAN 6:1-21

LEE JUAN 6:1-21

La lectura de hoy tiene lugar durante la segunda Pascua mencionada en el Evangelio de Juan. Los dos grandes milagros de este pasaje representan los números cuatro y cinco de las siete señales públicas de Jesús, y probablemente te resulten familiares. Si asististe a la escuela dominical de niño, probablemente los viste representados en un tablero de fieltro. Como adulto, es probable que los hayas visto en pinturas. Incluso personas que no están familiarizadas con la Biblia han oído hablar de Jesús caminando sobre el agua o alimentando a los cinco mil, pero a veces la familiaridad puede sofocar nuestro asombro y tentarnos a pasar por alto detalles importantes. Sin embargo, Hebreos 4:12 dice que la Palabra de Dios es viva y eficaz, así que, ya sea la primera o la enésima vez que lees estos milagros, experimentémoslos hoy con ojos frescos.

1. **Repasa 6:1-15.**

2. ¿A qué discípulo le pregunta Jesús acerca del pan? ¿Por qué le pregunta a él?

¿Alguna vez te has preguntado qué estaba pasando en el corazón y la mente de Felipe para que Jesús le hiciera esa pregunta específicamente *a él?* Jesús no le estaba pidiendo a Felipe que pensara en la mejor tienda de comestibles ni que ideara una estrategia brillante. Estaba aprovechando la oportunidad para dirigir la atención de Felipe hacia su corazón y su poder.

¡Y qué amable fue Jesús! En medio de la tarea de alimentar a cinco mil hombres (lo que significa que el número de personas alimentadas ese día, incluidas mujeres y niños, probablemente fue de al menos quince mil) y en medio del duelo por la muerte de su primo (Mateo 14:12 revela que Jesús se enteró de ello justo antes de este evento), Jesús todavía se tomó el tiempo de enseñar algo personal a Felipe.

3. Básicamente, comenzaron con la cantidad equivalente a un almuerzo para niños. ¿Cuánto les sobró?

a. Nada. Tuvieron justo lo suficiente para todos y nada más.
b. Cinco puñados.
c. No se nos dice.
d. Doce canastas llenas. El mismo número que el de discípulos.
e. La misma cantidad con la que comenzaron.

4. Si fueras un discípulo, ¿cuánto tiempo crees que pasaría desde que comenzaras a recoger las sobras hasta que tu corazón comenzara a latir más rápido? ¿Cómo respondió la multitud en 6:14-15?

5. **Repasa 6:16-21.**

Jesús se retiró al monte. Y después de todos los desafíos y la emoción del día, los discípulos se encontraron en medio de una tormenta. Esta área del mar de Galilea está situada junto a un valle que básicamente actúa como un túnel de viento, por lo que es conocida por tormentas repentinas e inesperadas. Y como Él les había dicho que subieran a la barca (Mateo 14:22-23), seguramente algunos de ellos estaban pensando: *Jesús, ¡nos dijiste que estuviéramos aquí! ¿Y ahora estamos atrapados remando sin descanso en una tormenta?* Puede ser fácil interpretar las "tormentas" de la vida como una señal de que estamos haciendo algo mal, o suponer que si somos obedientes, todo saldrá bien. Pero su obediencia fue lo que los llevó directamente al medio de la tormenta.

6. ¿Te sientes identificado con esto? Si es así, ¿en qué sentido?

7. Escribe a continuación las palabras de Jesús en el 6:20.

Imagina a Jesús diciendo esas palabras. Jesús caminando sobre el agua fue un gran acontecimiento, y podríamos sentirnos tentados a pasar por alto otra parte increíble de este momento milagroso: sobrevivieron a la tormenta y llegaron sanos y salvos a la orilla. Cuando nuestros trabajos parecen demasiado difíciles y nuestras orillas parecen demasiado lejanas, queremos ser liberados de la tormenta, pero a veces Él nos libera *a través* de ella.

8. Vuelve a leer las palabras que escribiste del 6:20. Luego escribe una oración breve pidiéndole a Dios que te recuerde su cercanía en cualquier circunstancia que se sienta como una tormenta.

DÍA 2

JUAN 6:22-59

LEE JUAN 6:22-59

La lectura de hoy tiene lugar el día después de que Jesús alimentó a quince mil personas y caminó sobre el agua. La multitud que presenció el milagro de ayer estaba desesperada por volver a encontrar a Jesús.

1. **Repasa 6:22-27.**

2. ¿Qué le dijo la multitud a Jesús en el 6:25?

Habían visto a sus discípulos subir a las barcas la noche anterior y sabían que Jesús no había ido con ellos. La multitud buscó a lo largo de la costa, moviéndose hacia el norte desde Tiberíades. Cuando llegaron a Capernaúm y encontraron a Jesús allí, estaban confundidos. *¿Cómo llegó aquí? ¿Hay un atajo?*

Sin ni siquiera mencionar su aventura milagrosa durante la noche, Jesús pasó directamente a decir palabras contundentes a la multitud. Los acusó de seguirlo por la comida que les proporcionaba, no porque creyeran en las señales de su divinidad. Querían regalos, no fe. Se habían encontrado cara a cara con el Mesías pero no habían entendido lo más importante. Mientras escuchaban, le hicieron una pregunta importante como seguimiento.

3. **Repasa 6:28-29.** ¿Cómo crees que la mayoría de las personas hoy respondería a esta pregunta?

4. ¿Cómo respondió Jesús en el 6:29?

¿Realmente creemos eso? ¿Que la *obra* es *creer*? Jesús no dijo que la fe es el adorno final de las buenas obras. Dijo que la obra *es creer*. Esta revelación fue una invitación a depender de Aquel que completaría perfectamente todo lo que el Padre requería. Jesús les estaba ofreciendo libertad de intentar ganarse la salvación en una cultura completamente construida en torno a guardar la ley.

5. ¿Qué nos dice Efesios 2:8-9?

a. La salvación se gana a través de nuestras obras.

b. La salvación no se gana a través de nuestras obras.

c. Los que ganan la salvación pueden jactarse.

d. La salvación es un regalo de Dios.

e. C y D

f. B y D

La carta de Pablo a la iglesia en Éfeso refleja las palabras de Jesús en la lectura de hoy. ¡Qué liberador! Y en otra carta de Pablo, esta vez a la iglesia en Filipos, reafirma esta verdad que produce paz, señalando que la fe *también* nos es concedida por Dios (Filipenses 1:29). Es importante recordarlo. Si te sientes tentado a malinterpretar la respuesta de Jesús y pensar que los momentos de duda o incredulidad harán que Dios te rechace, recuerda que

Él es lo suficientemente bondadoso como para encontrarte en ese espacio. Sabe que a menudo somos como el hombre en Marcos 9:24 que dijo: "Creo, ayúdame en mi incredulidad".

6. ¿En qué áreas de tu propio corazón luchas con la incredulidad? Escribe una oración inspirada en Marcos 9:24 abordando esas áreas. Comprométete a resistir la duda cuando esta intente tener la última palabra.

7. **Repasa 6:30-59.**

En cuanto a la multitud, no entendieron. Querían que Jesús probara que valía la pena creer en Él. Incluso llegaron a sugerir que hiciera un milagro como el que Moisés había hecho y les proporcionara pan. (¡Acababa de hacer eso ayer y esa era la razón por la que lo seguían!) Jesús les dijo que Moisés, a quien reverenciaban, no hizo esa señal por sí solo: Dios era la fuente y el propósito de ella.

Luego, Jesús cambió el rumbo de la conversación por completo: Dios no solo era la *fuente* del pan, sino que Jesús era Dios y Él *era* el pan, el suministro que necesitaban. Cuando Jesús dijo: "Yo soy el pan de vida", fue la primera de sus siete declaraciones metafóricas de *Yo soy* en el libro de Juan, las cuales mencionamos en la introducción. Esa declaración, *Yo soy*, está conectada con su deidad, señalando el nombre que Dios usó para referirse a sí mismo cuando habló con Moisés. Jesús reveló que estaba unido a la voluntad y el plan del Padre.

Luego, como si su declaración no fuera lo suficientemente radical, intensificó la conversación dos veces más. Primero, se refirió a sí mismo como el Hijo del Hombre, el tan esperado Mesías. Hizo esta afirmación anteriormente cuando Nicodemo fue a verlo de noche (Juan 3:13-14), pero aquí la hizo públicamente, para que todos la escucharan. Entonces dijo que debían comer su carne y beber su sangre, una idea impactante, ya sea que se tome en el sentido físico o espiritual. Y la multitud se escandalizó. Después de todo, comer carne y beber sangre no solo era repugnante, ¡sino que iba en contra de sus leyes! Pero Jesús tenía una historia diferente en mente, una que se conecta con el antiguo pacto, donde los sacerdotes ofrecían los mismos sacrificios día tras día.

Hebreos 10:11 dice que esos sacrificios nunca podrían quitar los pecados, pero Jesús dijo que su carne y su sangre serían el sacrificio de una vez por todas, que terminaría con la necesidad de sacrificios diarios. Sería completado en su muerte y resurrección.

8. En 6:51, ¿qué promete Jesús a cualquiera que coma de este pan?

DÍA 3

JUAN 6:60-71

LEE JUAN 6:60-71

La lectura de ayer terminó con Jesús presentando la idea de comer su carne y beber su sangre. Ahora podemos ver que se refería a la Comunión. Apuntaba a lo que haría en la cruz, sacrificando su cuerpo y su sangre por nuestra salvación. Pero nosotros tenemos la ventaja de la perspectiva histórica. Los primeros oyentes, cuando Jesús dijo esto, no habían oído hablar de la Comunión ni habían visto aún a Jesús en la cruz. Por eso es lógico que muchos de los discípulos tuvieran dificultades para entender lo que Jesús dijo aquí.

1. **Repasa 6:60-65.**

2. **En un diccionario bíblico, busca las palabras griegas originales que Juan usó en 6:60 para "dura es esta palabra".** Escribe esas palabras y sus definiciones a continuación.

La implicación aquí no es que las palabras de Jesús fueran difíciles de entender, sino que eran difíciles de aceptar. Jesús sabía que era una declaración dura y les hizo saber que vendrían cosas aún *más* impactantes.

3. ¿A qué crees que se refería Jesús en 6:62? **Usa un comentario bíblico para ayudarte si lo necesitas.**

Es casi como si Jesús estuviera predicando un sermón para hacer espacio (vaciando los asientos de los seguidores de conveniencia) porque no solo les dijo que uno de ellos lo traicionaría, sino que su carne era inútil en sus esfuerzos por alcanzar justicia y que ninguno de ellos podía seguirlo a menos que Dios lo hubiera designado. Algunos de ellos tal vez se preguntaron: *¿Me habrá concedido Dios seguir a Jesús?* Y aquellos a quienes Dios se lo había concedido, permanecieron. Pero muchos otros dejaron de seguir a Jesús en ese momento. Imagina cuán desgarrador debió ser: Jesús reveló su identidad y que Él era la fuente de vida, pero ellos se alejaron.

4. **Repasa 6:66-71.**

5. Rodea en un círculo los nombres de los doce (teniendo en cuenta que algunos discípulos eran conocidos por varios nombres o apodos):

Luis	Andrés	Jacobo	Juan el Bautista	Juan, quien escribió este Evangelio	
Felipe	Tomás	Nicodemo	Mateo	Santiago hijo de Alfeo	Tadeo
Jacobo	Simón el Zelote	Simón Pedro	Lucas	Judas Iscariote	Bartolomé

El pasaje de hoy hizo una distinción entre dos tipos de discípulos: los que se fueron y los que permanecieron.

6. **Busca la palabra *discípulo* en un diccionario de griego y escribe a continuación lo que encuentres.**

Además de los doce discípulos elegidos, Jesús tenía otros discípulos con diversos grados de devoción a su ministerio que lo seguían. Pero cuando algunos se alejaron, le hizo una pregunta directa a Simón Pedro.

7. ¿Cuál fue la respuesta de Simón Pedro a Jesús en 6:68?

8. ¿Puedes pensar en un momento en el que ese sentimiento (*Esto es difícil, pero ¿a dónde más iría? Tú eres el único que tiene palabras de vida)* ha sido tuyo? Si es así, descríbelo.

Recuerda que el Evangelio de Juan constantemente nos apunta al principio y señala a Jesús como Dios.

9. ¿Cómo comenzó el libro? Llena los espacios en blanco de Juan 1:1:

> En el principio ya existía el ____________, y el ____________ estaba con Dios, y ____________ __________ __________ ____________.

La Palabra era Dios. Jesús era esa Palabra. Pedro lo entendió. Dijo: "Nosotros hemos creído y sabemos que tú eres el Santo de Dios". Aunque muchos dejaron a Jesús ese día, Él sabía que uno de los que permaneció no era realmente un creyente.

Es fácil pasar por alto esto. Incluso en la cultura popular, cuando a alguien se le llama un "Judas", sabemos que significa que es un traidor. Pero imagina que eres uno de los doce y después de todo este tiempo de estar en el camino con Jesús, dejando tu hogar y familia para viajar juntos, escuchas: "Uno de ustedes es un diablo". *¿Qué?* Piensa en lo que eso significó para algunos.

Imagina el valor, la paciencia y la perseverancia de Jesús para mirar a su traidor a los ojos, sabiendo *desde el principio* que lo traicionaría, y aun así invitarlo a seguirlo.

DÍA 4

JUAN 7:1-31

LEE JUAN 7:1-31

Había fiesta en Judea: la Fiesta de los Tabernáculos. Esta era una de las tres fiestas anuales en las que los judíos de todo Israel viajaban a Jerusalén para celebrar.

1. **Repasa 7:1-9.**

Los hermanos de Jesús se burlaban de Él. No creían que fuera el Mesías, por lo que probablemente Jesús tuvo su dosis de drama familiar. Esto es impactante y desgarrador de leer: *¿cómo podían no saberlo?* Pero, si sirve de consuelo, al menos dos de los hermanos de Jesús (Santiago y Judas) son acreditados como autores de libros de la Biblia, lo que significa que tuvieron un cambio de corazón.

2. ¿Cómo se presentó Santiago en Santiago 1:1?

Santiago, ____________ de Dios y del ____________ ________________.

¡Su hermano incrédulo más tarde se convirtió en siervo de Jesús hasta tal punto que así fue como se presentó!

3. ¿Hubo un tiempo en el que dudaste de la divinidad de Jesús? En ese caso, describe qué fue lo que te ayudó a superar esa incertidumbre.

4. **Repasa 7:10-13.**

Imagina ver al Hijo de Dios, pero por temor a los hombres no decir nada. Es importante señalar aquí que Jesús no incumplió su palabra cuando les dijo a sus hermanos que no iba a ir. La frase que Jesús usó en griego a menudo significa "aún", es decir, "no voy todavía".

5. Escribe las dos opiniones principales sobre Jesús en el 7:12.

- Algunos dijeron:
- Otros dijeron:

¿Cómo es que ambas opiniones se quedan cortas?

6. **Repasa 7:14-24.** En esta sección y la que sigue, Jesús establece conexiones claras con su divinidad, mostrando su relación íntima con el Padre. Relaciona los versículos siguientes con las cosas que Jesús dice que comparte con el Padre.

7:16	Su origen / envío
7:17-18	Su enseñanza
7:28-29	Su autoridad

El pueblo no creía que las enseñanzas o los milagros de Jesús vinieran de Dios, así que Jesús buscó establecer la unidad que Él tiene con el Padre. También malinterpretaron los propósitos de las leyes de Dios, acusando a Jesús de quebrantar la ley al sanar en sábado. Jesús razonó con ellos, mostrando que su entendimiento era irracional.

7. En 7:23, ¿qué comparación usó Jesús para demostrar que no era pecado sanar en sábado?

8. Llena a continuación los espacios en blanco del 7:24:

_______ ______________ por las apariencias, sino ____________ con ____________ ____________.

9. ¿Qué crees que significa juzgar con juicio justo?

Es interesante observar que Jesús no les dijo que *no* lo juzgaran. El pueblo parecía ansioso por desafiar las obras de Jesús sin pensarlo bien, pero Él los animó a usar sabiduría en su juicio. Nuestra cultura moderna se aferra a frases bíblicas como "no juzguen", pero Jesús alentó un juicio sabio, lo que habría requerido que las multitudes prestaran atención no solo a los detalles de la ley, sino también al corazón de Dios detrás de establecer la ley. Estas sutilezas son importantes.

10. **Repasa 7:25-31.**

El pueblo se preguntaba si Jesús era el Cristo, pero luego dudaron debido a "lo que sabían" en 7:27.

11. **Lee Miqueas 5:2 y rodea con un círculo la profecía a la que hace referencia.**

a. Nadie sabría dónde nació el Mesías.

b. El Mesías nacería en Belén.

c. El Mesías nacería en un lugar no revelado.

d. El Mesías nacería en una ciudad sin nombre.

¡Lo que los confundía no era ni siquiera bíblico! Era solo un dicho popular. Aparentemente, confundir dichos culturales con la verdad bíblica no es algo exclusivo de nuestra época; es un problema que ha existido desde hace mucho tiempo.

12. ¿Por qué no pudieron arrestar a Jesús en el 7:30? ¿Qué crees que significa esto? **Usa un comentario bíblico si necesitas ayuda.**

Terminamos la lectura de hoy con la alentadora noticia de que muchas personas comenzaron a desarrollar una fe curiosa en Jesús. Y aunque quizá no estaban completamente convencidos de su divinidad, ¡estaban dispuestos a buscar la verdad!

DÍA 5

JUAN 7:32-52

LEE JUAN 7:32-52

El pasaje de hoy continúa donde lo dejamos ayer: Jesús enseñando en el templo durante la Fiesta de los Tabernáculos.

1. **Repasa 7:32-36.**

Mientras la multitud seguía murmurando sobre Jesús, los fariseos decidieron actuar. Escalaron su plan y enviaron oficiales para arrestarlo. En 7:33-34 Jesús no estaba sugiriendo que no podrían arrestarlo, sino que estaba comunicando algo a una escala mayor: refiriéndose al plan de Dios para su inminente muerte, resurrección y ascensión al cielo. Estas declaraciones proféticas eran imposibles de entender para ellos en ese momento, pero las palabras de Jesús resultaron ser verdad.

2. **Vuelve a leer 7:34:** "Me buscarán y no me hallarán; y donde Yo esté, ustedes no pueden ir". En la tabla, rodea con un círculo los tiempos verbales correctos:

Me buscarán:	Pasado	Presente	Futuro
No me encontrarán:	Pasado	Presente	Futuro
Donde yo esté:	Pasado	Presente	Futuro

Este concepto puede ser difícil de entender, pero recuerda que el Evangelio de Juan es el que más específicamente muestra a Jesús como Dios. Y aquí tenemos otro recordatorio de esa verdad. Aunque Jesús estaba físicamente presente con esta multitud como un hombre humano, también es el Dios que existe fuera del tiempo.

3. **Repasa 7:37-39.**

Hay una nota interesante sobre la línea de tiempo de la Fiesta de los Tabernáculos, pero se pierde si no entendemos la historia y el calendario. Esta fiesta también se llama *Sucot*, y tiene lugar en el séptimo mes del calendario judío, conocido ahora como *Tishrei*, que significa "principio". Sin embargo, antes de que el calendario judío se mezclara un poco durante el exilio babilónico, el séptimo mes tenía otro nombre.

4. ¿Cómo nos dice 1 Reyes 8:2 que se llamaba el séptimo mes?

Este nombre significa "aguas fluyendo continuamente" y "ríos perpetuos que no se secan".[3] Piensa en eso mientras examinamos lo que Jesús dijo en este último y gran día de la fiesta.

5. Rodea con un círculo todas las palabras relacionadas con el agua en 7:37-38:

> «Si alguien tiene sed, que venga a Mí y beba. El que cree en Mí, como ha dicho la Escritura: "De lo más profundo de su ser brotarán ríos de agua viva"».

Jesús dijo esto refiriéndose al Espíritu Santo, que aún no les había sido dado. Y lo dijo en el octavo y último día de la fiesta. Durante los primeros siete días de la fiesta, se derramaba agua sobre el altar para recordarles el agua que Dios proporcionó milagrosamente a Israel en el desierto; pero en el octavo día, según la tradición, no se derramaba agua, solo se elevaban

3. Ver "H388 - 'ytnym – Strong's Hebrew Lexicon (kjv)," Blue Letter Bible, consultado en línea el 5 de julio de 2024, https://www.blueletterbible.org/lexicon/h388/kjv/wlc/0-1.

oraciones pidiendo por agua. El momento que Jesús escogió fue importante: ¡les estaba diciendo que Él era el cumplimiento de esa oración!

6. **Repasa 7:40-52.**

Una vez más, la multitud comenzó a debatir si Jesús era el Mesías, basando sus argumentos en su lugar de nacimiento. Pero esta vez, sus argumentos tenían un poco más de precisión: sí, Él nació en Belén, como lo profetizaba la Escritura; y sí, vino a Jerusalén desde Galilea, donde vivía en ese momento.

Mientras los fariseos buscaban arrestarlo, terminaron en otro debate con los oficiales, quienes encontraron sus palabras convincentes y únicas. Los fariseos, sin embargo, confiaron en la lógica de que si ninguno de sus compañeros creía en Jesús, eso hablaba por sí solo. Pero había uno entre ellos que parecía creer, o al menos estaba avanzando hacia la fe.

7. ¿Qué nombre familiar aparece en 7:50? ¿Qué crees que lo motivó a decir lo que dijo?

Los principales sacerdotes y los fariseos se resistieron, pero parece que la verdad ya había comenzado a echar raíces en el corazón de Nicodemo. Quizás él había comenzado a ver y creer la hermosa verdad sobre Jesús: ¡que Él es donde está el gozo!

8. ¿Qué es lo que más te impactó del estudio de esta semana? ¿Por qué?

9. ¿Qué aprendiste o recordaste acerca de Dios y su carácter esta semana?

DÍA 6

SALMO CORRESPONDIENTE Y ORACIÓN

LEE SALMOS 139

1. ¿Qué correlación ves entre Salmos 139 y el estudio de esta semana sobre Jesús como Dios?

2. ¿Qué porciones de este salmo captan más tu atención?

3. Termina haciendo esta oración en voz alta:

Padre,

¡Mi alma sabe bien que tus pensamientos son preciosos y que tus obras son maravillosas! Caminaste sobre las mismas aguas que creaste. Alimentaste a las multitudes con la comida que tú mismo hiciste crecer. Cumpliste cada profecía que diste en tu Palabra.

Me has examinado y me conoces. Sabes que me dejo llevar por voces que no son tuyas; me dejo influir por la arrogancia y el orgullo. Me engañan pensamientos que no vienen de ti; me obsesiono con la duda y el miedo. He caminado en el camino de la opinión popular, los placeres a corto plazo, los elogios vacíos y los esfuerzos sin fruto.

Señor, examina mi corazón una vez más y guíame al arrepentimiento. Dirige mis pensamientos hacia tus pensamientos. Afina mi oído para escuchar tu voz. Guíame por el camino eterno.

Eres soberano sobre cada detalle que fue o que será. Has contado los días de todo y de todos los que creaste. Conoces todos mis caminos, palabras y pensamientos. Me conoces y sabes qué es lo mejor para mí. Confío en ti y me someto a ti.

Te rindo mi vida, Señor; en cada momento de mi día y en cada decisión que tomo, cedo mi voluntad y mi camino a tu perfecta voluntad y camino.

Yo también te amo. Amén.

DÍA 7

DESCANSA, PONTE AL DÍA O PROFUNDIZA

RETO SEMANAL

El estudio de esta semana abarca muchos momentos en los que el temor al hombre impidió que las personas expresaran la verdad, y en los que no conocer realmente lo que decía la Palabra de Dios les dejó vulnerables. Crea una obra de arte (tal vez un dibujo o un *collage*) que muestre todas las voces externas que tienden a influir en tus pensamientos y decisiones. En el centro de la obra represéntate a ti mismo rodeado por la verdad de la Palabra de Dios. Que sirva como un recordatorio visible de dónde proviene tu fuerza.

VERSÍCULO PARA MEMORIZAR

Permanezcan en Mí, y Yo en ustedes. Como el sarmiento no puede dar fruto por sí mismo si no permanece en la vid, así tampoco ustedes si no permanecen en Mí.
Juan 15:4

SEMANA 4

Juan 8-9:
La luz de Dios

LECTURA BÍBLICA DIARIA

Día 1: Juan 8:1-30 (y 7:53)

Día 2: Juan 8:31-47

Día 3: Juan 8:48-59

Día 4: Juan 9:1-23

Día 5: Juan 9:24-41

Día 6: Salmos 27

Día 7: Para ponerte al día

Corresponde a los días 296-297 de *La sinopsis de la Biblia*

RETO SEMANAL

Ver la página 108 para más información.

DÍA 1

JUAN 8:1-30 (Y 7:53)

LEE JUAN 8:1-30 (Y 7:53)

Tu Biblia probablemente tenía una nota antes de la lectura de hoy diciendo que 7:53–8:11 no estaba incluido en los manuscritos originales. Hay dos posibles razones para esto: algunos creen que un escriba que conocía la historia la insertó al hacer una copia, mientras que otros explican que la iglesia primitiva no quería crear malentendidos sobre que Jesús aprobaba la promiscuidad. Sin embargo, aunque este relato no está registrado en ningún otro Evangelio, historiadores y teólogos están de acuerdo en que es preciso. También es importante señalar que los eventos y el mensaje de este pasaje no entran en conflicto con nada de lo que Jesús hizo o enseñó; por el contrario, es consistente con sus palabras y acciones en otros lugares. Dicho esto, la historia de hoy comienza en los atrios exteriores del templo, donde los maestros judíos a menudo enseñaban a sus alumnos.

1. **Repasa 7:53–8:11.** ¿Qué hicieron los escribas y fariseos en Juan 8:3-4? ¿Qué querían?

No era la primera vez (ni sería la última) que los líderes tendieron una trampa a Jesús. Si les decía que apedrearan a la mujer, podían reportarlo a las autoridades romanas por llamar a una ejecución sin su aprobación.

Si les decía que la dejaran ir, podían presentar un caso contra Él ante las autoridades religiosas por ignorar la ley de Moisés.

2. **Lee Levítico 20:10 y Deuteronomio 22:22.** ¿Cumplieron los acusadores con la ley? ¿Por qué sí o por qué no?

Muchos de nosotros leemos este pasaje y nos preguntamos qué escribió Jesús. Ya fueran letras, palabras o dibujos, la Biblia no lo dice. Así que, en lugar de preguntar qué escribió Jesús, enfoquémonos en otra pregunta: ¿qué *hizo* Jesús?

Esta mujer, como aprendimos en 8:3, fue sorprendida *en el acto* de adulterio y arrastrada por la concurrida Jerusalén ante una multitud reunida para escuchar a Jesús enseñar. Como el propósito de los fariseos era utilizar a esta mujer para atrapar a Jesús, y como la desnudez pública forzada era un método de vergüenza en las culturas antiguas, es probable que todavía estuviera desnuda, arrastrada desde el lugar donde la encontraron. Ya aterrorizada y humillada, ahora la mujer escuchaba que planeaban matarla de una manera lenta y dolorosa.

Jesús a menudo dignificaba a las personas al mirarlas o tocarlas, pero esta vez la dignificó al mirar hacia otro lado. Mientras Él se agachaba escribiendo en la arena, los ojos de la multitud pasaron de mirar a la mujer con desprecio a observar a Jesús con curiosidad.

3. ¿Qué te dice esto sobre el corazón de Jesús?

Jesús no condenó a la mujer, pero tampoco aprobó sus acciones. Era la única persona justa en la multitud; la única que podría haber cumplido con su requisito de estar sin pecado. Y aunque podría haber juzgado justamente a la mujer por su pecado, le mostró misericordia. La rescató de la multitud asesina, y cuando ella se encontró con su misericordia radical, le dijo "Vete; y desde ahora no peques más" (8:11).

4. **Repasa 8:12-30.** Utilizando 8:12 como referencia, llena a continuación los espacios en blanco:

> Jesús les habló otra vez, diciendo: «Yo soy ________ ________ ________ ____________. El que me sigue no andará en ________, sino que tendrá la ________ de ________ ___________».

Esta es la segunda declaración metafórica del tipo *Yo soy* en Juan, y con ella Jesús se comparó con la luz. La oscuridad a menudo simboliza muerte, desesperación o depravación. Tal como Juan escribió al inicio de su Evangelio, Jesús es la luz: vida, esperanza y bondad. Y aquí dijo que era la luz, no solo del pueblo judío sino *del mundo*. Con valentía, declaró su identidad divina mientras también reconocía que el plan de Dios incluía más que solo a los judíos. Los fariseos, que probablemente estaban cada vez más ofendidos, continuaron discutiendo con Él, tratando de superar al propio Dios.

5. ¿Cuál fue la acusación de los fariseos contra Jesús? ¿Cuál fue la respuesta de Jesús?

Desde que estuvo en la tierra, aquellos que no creen en Jesús han hecho suposiciones falsas sobre Él. Algunos lo ven como un traidor subversivo. Otros piensan que simplemente estaba loco. Pero en esta sección, Jesús afirmó su identidad como el Hijo de Dios (8:19) *y* su identidad como Dios el Hijo (8:29).

6. Jesús reveló mucho sobre sí mismo, pero también sobre sus oyentes. En la tabla siguiente, relaciona cada versículo con lo que revela:

Verdades sobre Jesús	Versículo	Verdades sobre sus oyentes
Él es de arriba.	8:14b	Entenderán su identidad después de que sea crucificado.
El conocimiento de Jesús es conocimiento del Padre.	8:19	Lo buscarán después de que se vaya.
Actúa y habla con la autoridad del Padre.	8:21	No conocen a Jesús ni al Padre.
Sabe de dónde viene y a dónde va.	8:23	Ellos son de abajo.
Jesús va a un lugar donde ellos no pueden ir.	8:28	No saben de dónde viene ni a dónde va.

A medida que Jesús se acercaba más a su muerte, encontró más escépticos, críticos y conspiradores que querían matarlo. Y, como siempre, les ofreció la invitación de arrepentirse y creer en Él (8:24). Mientras hablaba, "muchos creyeron en Él" (8:30). ¡Gloria a Dios por aquellos que creyeron antes que nosotros, difundiendo las buenas noticias de gran gozo que han llegado a todo el mundo y a través de generaciones hasta nosotros hoy!

DÍA 2

JUAN 8:31-47

LEE JUAN 8:31-47

1. **Repasa 8:31-38.** En la RVR-60, el título de esta sección es "La verdad os hará libres". ¿Cómo has oído que se usa o malinterpreta esta frase?

Guarda tu respuesta; la retomaremos en breve. Jesús enseñó a su audiencia que permanecer en su palabra los llevaría a conocer la verdad, lo cual conduciría a hacerlos libres. Ellos pensaron que se refería a ser liberados de un dueño terrenal, pero su respuesta es desconcertante. Estas personas, descendientes de esclavos y bajo el dominio opresivo de Roma, afirmaron ser un pueblo que siempre había sido libre. Quizás esta misma ilusión causó que algunos de ellos (testigos presenciales del ministerio terrenal de Jesús) no vieran su divinidad como el Hijo de Dios.

En contraste con esta ilusión, Jesús pintó un cuadro de fe genuina. Permanecer en Jesús es creer activamente y hacer de continuo lo que Él dice. La fe real es permanente y está en crecimiento; es transformadora y duradera.

Cuando leemos las palabras de Jesús sobre la esclavitud, es importante recordar que la esclavitud en el primer siglo era diferente a la esclavitud que conocemos hoy. En ese tiempo, las personas ingresaban voluntariamente en servidumbre por un tiempo específico para pagar una deuda. Cuando ese periodo terminaba, un amo honesto liberaba a los esclavos de su hogar y los enviaba de regreso a sus hogares. (Aunque esto es claramente diferente a la esclavitud forzada que conocemos, es importante señalar que Jesús no apoyaba la esclavitud).

Sin embargo, su punto es tan cierto para nosotros hoy como lo fue para sus oyentes originales: todos somos esclavos del pecado, y Jesús es nuestra única esperanza de libertad. El pecado miente, roba, destruye y mata.

2. **Vuelve a leer 8:32 y 8:36.** Luego llena los espacios en blanco:

"Y conocerán la __________, y la __________ los hará libres" (8:32).

"Así que, si el __________ los hace libres, serán verdaderamente libres" (8:36).

Recuerda nuestra primera pregunta del día. Cuando Jesús dijo: "La verdad los hará libres", estaba hablando de *sí mismo*. No abarates la profunda realidad teológica que Jesús enseñó aquí. No estaba haciendo una declaración cultural o política en ese momento, y no deberíamos interpretarlo como tal ahora. No es una frase que debamos usar para afirmar nuestras preferencias personales o para menospreciar a quienes no están de acuerdo con nosotros. Es un principio del evangelio: *Él* es la verdad, y *Él* nos hace libres. Nos libera de la culpa y la vergüenza causadas por el pecado y de su poder para controlarnos. Nos hace libres para disfrutar de la verdad, la obediencia y la justicia.

3. **Lee Romanos 6:15-18.** Usa la enseñanza de Pablo para llenar la tabla siguiente.

¿De qué éramos esclavos?		¿De qué somos esclavos ahora?
	"...pero gracias a Dios..."	

Jesús dejó claro que su Padre no era el padre de ellos. Las personas incrédulas de su audiencia le dijeron que su padre era Abraham, pero Jesús confirmó que aunque eran descendientes de Abraham, no eran hijos de Abraham (8:37). Los verdaderos hijos de Abraham son seguidores fieles de Dios, lo cual significa que creen en Jesús.

4. En 8:38, ¿qué estaba insinuando Jesús sobre aquellos que no creen en Él?

5. **Repasa 8:39-47.**

Jesús fue la representación perfecta de su Padre: cada palabra, cada acción y cada pensamiento era sin pecado. Los fariseos también eran una representación de *su* padre, el padre de mentira: el diablo. Si esto parece duro, repasemos su historial en Juan 8: solo en este capítulo intentaron atrapar a Jesús para entregarlo a las autoridades romanas o religiosas (8:6), desafiaron públicamente su enseñanza e insinuaron que estaba mintiendo (8:13), y buscaban activamente una forma de matarlo (8:37). Y, como si eso no fuera suficiente, atacaron a su madre, insinuando que el nacimiento virginal fue adulterio (8:41).

6. En 8:43, ¿qué explicación dio Jesús sobre por qué los fariseos no lo entendían?

Así como la oscuridad no puede soportar la luz, las mentiras no pueden soportar la verdad. Desde el principio, el diablo ha sido un mentiroso y un asesino. Tentó a Eva para que probara el fruto y motivó a Caín para que matara a Abel. Continuó su obra a través de los fariseos, incitándolos a intentar destruir a Jesús. El padre de mentira siempre se ha deleitado en la destrucción, pero el Padre de la creación es soberano, y nunca ha sucedido (ni sucederá) algo que esté fuera de su plan.

7. **Lee Apocalipsis 12:12.** ¿Qué podemos tener por seguro sobre el diablo?

DÍA 3

JUAN 8:48-59

LEE JUAN 8:48-59

En los últimos dos días hemos estudiado los argumentos de los líderes religiosos contra Jesús y sus enseñanzas en respuesta. Su discusión concluyó hoy con la declaración más profunda (y polémica) de Jesús, una verdad que llevó a un intento de ejecución.

1. **Repasa 8:48-51.**

Ayer leímos que Jesús llamó públicamente a los fariseos lo que eran: hijos del diablo. Hoy comenzamos con su respuesta: acusaron a Jesús de ser un samaritano y de tener un demonio. Como probablemente aprendiste en tu investigación de la semana 2, los samaritanos eran medio judíos y se los consideraba inferiores e impuros. Por lo tanto, después de insultar a su madre, los fariseos intentaron insultar a Jesús. Y al preguntarle si tenía un demonio, insinuaron que estaba loco.

Una vez más, Jesús explicó quién es y por qué vino.

2. **Usa una herramienta de estudio bíblico para leer 8:51 en cada una de las siguientes traducciones.** Describe la afirmación que Jesús expresó al inicio del versículo en cada versión. Luego escribe la promesa que Jesús hizo.

<table>
<tr><th>Traducción</th><th>Afirmación</th><th>Condición</th><th>Promesa</th></tr>
<tr><td>NBLA</td><td>En verdad</td><td rowspan="4">Si alguien guarda Mi palabra,</td><td rowspan="4"></td></tr>
<tr><td>NVI</td><td></td></tr>
<tr><td>NTV</td><td></td></tr>
<tr><td>RVR-60</td><td></td></tr>
</table>

No importa cómo se diga, la afirmación es contundente y la promesa es segura: aquellos que siguen a Jesús nunca verán la muerte. La muerte (el destino compartido por todo ser humano que ha vivido) no tiene poder sobre Dios. Solo aquel que tiene el poder para conquistarla pudo haber prometido su derrota con tanta seguridad: Dios mismo. Jesús hablaba de la salvación de la muerte espiritual y también del hecho de que algún día abolirá la muerte física. Cuando Él regrese, ¡derrotará a la muerte por completo!

3. **Repasa 8:52-59.**

Los líderes judíos reafirmaron su declaración de que Jesús estaba loco, insistiendo en que todo este discurso sobre vencer la muerte significaba definitivamente que estaba poseído por un demonio. Dijeron que incluso Abraham (el padre del pueblo judío) murió, por lo que, por supuesto, ellos también morirían. Después de preguntarle esencialmente quién creía que era, Jesús les dijo algo increíble sobre Abraham.

4. **Lee Génesis 22:9-14 y Hebreos 11:13.** ¿Cómo explicarías lo que Jesús quiso decir cuando mencionó: "Abraham, el padre de ustedes, se regocijó esperando ver Mi día; y lo vio y se alegró" (8:56)?

Los fariseos se burlaron de Él, diciendo que ni siquiera tenía cincuenta años, así que no había manera de que hubiera visto a Abraham. Estaban ciegos al hecho de que, al limitarlo con algo tan finito como la edad, estaban burlándose del propio Creador del tiempo, y el único que está fuera de él.

Y luego, mientras continuaban discutiendo con Él, Jesús hizo su declaración divina más impactante hasta el momento.

5. Completa a continuación su declaración en 8:58.

Jesús dijo: "En verdad les digo, que antes que Abraham naciera ____ __________".

6. **Ahora lee Éxodo 3:14 y completa a continuación la declaración que Dios le hizo a Moisés.**

Dijo Dios a Moisés: "________ ________ ________ ________ ________".

Además de las metáforas del tipo *Yo soy* en Juan, también hay declaraciones absolutas de *Yo soy*, y esta es una de las más importantes. Dios el Hijo usó el mismo lenguaje con los líderes religiosos incrédulos que Dios el Padre usó con el atemorizado Moisés.

Con las historias que cuenta y las enseñanzas que relata, Juan nos lleva constantemente al principio. Jesús ha estado aquí desde siempre: antes de Abraham, el padre de los israelitas, y antes de Moisés, quien los sacó de la esclavitud. Y no solo ha estado aquí eternamente existente, sino que ha estado aquí *como Dios* eternamente divino.

7. ¿Qué nos dicen Juan 8:58 y Éxodo 3:14 sobre el carácter de Dios? **Usa un comentario bíblico si necesitas ayuda para comenzar.**

Los fariseos consideraron que el hecho de que Jesús usara el nombre divino de Dios era blasfemia, por lo que tomaron piedras para apedrearlo, ignorando la ley que decían amar al no realizar primero un juicio.

Jesús moriría pronto y luego derrotaría a la muerte, pero su hora aún no había llegado, así que "se ocultó" (8:59) y escapó de su violencia para continuar su obra.

DÍA 4

JUAN 9:1-23

LEE JUAN 9:1-23

1. **Repasa 9:1-5.**

En el primer siglo existía una creencia cultural común de que las enfermedades y discapacidades eran causadas por el pecado. Vemos esto en la pregunta de los discípulos a Jesús en 9:2: "Rabí, ¿quién pecó, este o sus padres, para que naciera ciego?". Podríamos atribuir esto a un entendimiento anticuado de la ciencia, pero esta creencia sigue existiendo hoy en día, aunque no lo reconozcamos. Piensa en cómo has oído que los cristianos responden a hermanos y hermanas que sufren abortos espontáneos, recaen en el cáncer o luchan con la ansiedad o la depresión. Si bien algunos pecados tienen consecuencias físicas, la mayoría de las enfermedades (y ciertamente las discapacidades) son el resultado de vivir en un mundo caído.

2. En 9:3, ¿cómo respondió Jesús a la interpretación equivocada de sus discípulos? Llena los espacios en blanco:

"Ni este ____________, ni sus ____________; sino que está ciego para que las ____________ de ____________ se ______________ en él".

Aunque la obra principal de Jesús durante su tiempo en la tierra fue enseñar, también usó milagros y sanidades para recalcar su mensaje. Y de todos los milagros registrados, el tipo más frecuente es dar vista a los ciegos, sacándolos de la oscuridad literal hacia la luz. Por eso es importante que en el 9:5 dijera nuevamente que era "la Luz del mundo".

3. **Repasa 9:6-7.** ¿Qué hizo y dijo Jesús para sanar al hombre ciego?

El estanque de Siloé se construyó dentro de las murallas de Jerusalén durante el reinado del rey Ezequías. Probablemente recibió su nombre porque contenía agua "enviada" a la ciudad desde afuera. Jesús envió a un hombre ciego allí para recibir su vista.

El estanque en sí era enorme; aproximadamente cuatro veces el tamaño de una piscina olímpica. Los arqueólogos lo descubrieron por primera vez en 2004, y las excavaciones han continuado durante décadas. Era un lugar seguro y conveniente para obtener agua, lo que significaba que, cualquier día, muchas personas se habrían reunido allí.

4. ¿Por qué enviar al ciego a este estanque abarrotado era un cambio con respecto a sus señales públicas anteriores, como cuando sanó al hijo del noble o al hombre en Betesda?

5. **Repasa 9:8-17.**

Jesús sabía que los vecinos del hombre estarían impactados por su cambio drástico. A medida que la noticia de su transformación se difundió rápidamente, alguien llevó el caso a los fariseos. Tal vez los vecinos quisieron compartir el milagro con los fariseos, invitándolos al asombro y la alegría. O quizás quisieron ganarse puntos con los líderes religiosos poderosos al llamar su atención sobre esto.

6. En 9:14 descubrimos la razón por la cual algunos fariseos usaron este milagro para construir su caso contra Jesús. ¿En qué día sanó Jesús al ciego?

Dios diseñó el día de reposo como un día de descanso y ordenó que su pueblo lo honrara. Sin embargo, los líderes religiosos tomaron esta hermosa y breve provisión y la convirtieron en una lista de treinta y nueve clases de trabajos prohibidos, junto con categorías explicativas. Amasar estaba prohibido, lo cual abarcaba mezclar tierra y saliva. Este intento bien intencionado de clarificar la ley de Dios y explicarla en términos prácticos se volvió problemático cuando los fariseos equipararon sus tradiciones humanas con la ley de Dios. (Sería como si el límite de velocidad fuera de sesenta millas por hora, pero insistieran en que todos condujeran a solo cuarenta y cinco. En este escenario, castigarían a cualquiera que condujera a cuarenta y seis millas por hora, aunque la ley de Dios lo permitiera). Construyeron una cerca alrededor de la ley de Dios y dijeron que su cerca era la ley.

7. **Lee Deuteronomio 4:2 y 12:32.** ¿Qué dijo Dios sobre añadir a su ley?

La ley de Dios ya era perfecta, dada para el desarrollo humano. Los añadidos a su ley eran, en el mejor de los casos, limitados; y en el peor, egoístas, controladores y arrogantes.

8. **Repasa 9:18-23.**

Cuando los fariseos interrogaron al hombre ciego (llamémoslo ahora el hombre que *ve*), dudaron de que alguna vez hubiera sido ciego. Así que preguntaron a sus padres.

9. ¿Por qué los padres del hombre que ve enviaron a los fariseos de regreso a su hijo? ¿Qué nos dice esto sobre la motivación de los fariseos en ese momento?

Mientras los fariseos continuaban en su incansable búsqueda por silenciar a Cristo, se hizo aún más evidente que lo que parecía una herejía para los espiritualmente ciegos era, sin duda, verdad eterna para quienes podían ver. Continuaremos desde aquí mañana.

DÍA 5

JUAN 9:24-41

LEE JUAN 9:24-41

Al retomar la historia del hombre que ahora ve (anteriormente el ciego), fíjate que todo esto ocurrió durante la Fiesta de los Tabernáculos, también llamada la Fiesta de las Cabañas. La luz tenía un papel importante en esta fiesta. Candelabros con velas iluminaban los pasillos del templo y las personas leían escrituras del Antiguo Testamento acerca de la luz.

1. **Lee Isaías 9:2 y escríbelo a continuación.**

La luz nos invita a ver, pero algunos se apartan, permaneciendo en la oscuridad.

2. **Repasa 9:24-34.**

El hombre que ve fue interrogado nuevamente por los fariseos. A pesar de todas las preguntas que le hicieron intentando averiguar quién era Jesús, nunca obtuvieron la respuesta que buscaban. O eso pensaron. La respuesta era la más obvia desde el principio: Jesús era exactamente quien decía ser.

En 9:24 los fariseos le dijeron al hombre que ve: "Da gloria a Dios". Con esa frase, le estaban pidiendo que jurara solemnemente y dijera la verdad, lo cual, por supuesto, el hombre ya estaba haciendo. No minimizó ni se retractó del testimonio de lo que Jesús había hecho por él, ¡por lo que *sí* estaba dando gloria a Dios!

3. Completa la gloriosa declaración del hombre que ve en el 9:25.

"Una cosa sé, _________ _________ _________ _________
_________ ____________ ____________".

Cuando los fariseos insistentes le preguntaron nuevamente al hombre qué hizo Jesús y cómo lo hizo, la exasperación del hombre que ve podría haberlo llevado a un poco de sarcasmo, ya que les preguntó si *ellos* querían ser discípulos de Jesús. Mientras los fariseos retrocedían indignados, el hombre que ve usó la lógica para predicar un breve sermón; explicó que solo alguien enviado por Dios podría hacer lo que Jesús había hecho.

Antes del descubrimiento de los antibióticos, la ceguera era un resultado trágicamente común de las infecciones graves. A veces las personas se recuperaban de este tipo de ceguera, y Jesús había sanado a varios ciegos. Pero antes de que Jesús sanara a *este* hombre, nadie que hubiera nacido ciego había sido sanado de su discapacidad.

4. Teniendo en cuenta el testimonio del hombre que ve y la comprensión de la correlación entre el pecado y la enfermedad en el primer siglo, explica por qué los fariseos expulsaron al hombre de la sinagoga en Juan 9:34.

Una vez más, los fariseos ignoraron la ley que decían amar tanto al expulsar a este hombre sin seguir el proceso prescrito. Parece que su motivación no era limpiar de blasfemia sus lugares de adoración, sino proteger sus frágiles egos.

5. **Repasa 9:35-38.** En 9:35, ¿quién buscó a quién? ¿Qué te dice esto sobre el corazón de Jesús?

6. **Repasa 9:39-41.**

En Juan 5, cuando Jesús se defendió de las acusaciones de los líderes religiosos, explicó que Dios el Padre le había confiado el juicio justo a Dios el Hijo. Aquí, Jesús compartió una verdad aleccionadora: aunque algunos vislumbran la luz, permanecerán en la oscuridad. Los fariseos habían oído a Jesús enseñar, lo escucharon mientras explicaba teología, hablaron con las personas que Él sanó y vieron cómo Él cambiaba vidas. Y en lugar de entrar en la luz de la fe, permanecieron en la oscuridad y desesperadamente intentaron mantener a otros en la oscuridad con ellos.

Pero hubo algunos (como el hombre que ve) que caminaron hacia su luz. Cuando Jesús le devolvió la vista, no hay duda de que su vida cambió. Pero cuanto más reflexionaba sobre la historia de lo que Jesús había hecho por él, más se transformaba su corazón.

7. **Repasa el capítulo 9 para completar la tabla a continuación.**

Versículo	¿Qué dijo el hombre que ve sobre Jesús?
9:11	
9:17	
9:33	
9:38	*(después de que Jesús dice ser el Hijo del Hombre)*

Los ojos del hombre que ve se abrieron verdaderamente no cuando fue sanado, sino cuando creyó en Jesús. Incluso cuando su propia comunidad lo interrogó y lo rechazó, la luz de Jesús brilló aún más. Cuando reflexionamos sobre lo que Jesús ha hecho en nuestras vidas, su luz brilla más intensamente.

8. Reflexiona sobre algo que Jesús ha hecho por ti y escríbelo a continuación. ¿Cómo te ha ayudado eso a descubrir más de su carácter?

Jesús es la luz por la cual vemos, ¡y Él está donde está el gozo!

9. ¿Qué es lo que más te ha impactado del estudio de esta semana? ¿Por qué?

10. ¿Qué aprendiste o recordaste acerca de Dios y su carácter esta semana?

DÍA 6

SALMO CORRESPONDIENTE Y ORACIÓN

LEE SALMOS 27

1. ¿Qué correlación ves entre Salmos 27 y el estudio de esta semana sobre Jesús y su reino?

2. ¿Qué porciones de este salmo captan más tu atención?

3. Termina haciendo esta oración en voz alta:

Padre,

Tú eres luz; tú hablaste y la luz comenzó a existir. Es solo por ti que puedo ver.

Como el hombre ciego, he conocido la oscuridad causada por un mundo caído. Y, como David, también he conocido la oscuridad causada por mi propio pecado. He mentido. He engañado. He odiado a los portadores de tu imagen cuando me he burlado de ellos. Me he aprovechado de los vulnerables con mi apatía e inacción. Confieso mi pecado y me arrepiento de él.

Enséñame tu camino; guíame por tu senda.

Un día viviré en tu gloriosa luz y contemplaré tu belleza para siempre. Hasta entonces, mientras espero, recuérdame que esperar no es algo pasivo; es confiar, esperar y buscar. Enséñame a buscar la luz, sin importar cuán oscura se vuelva la vida.

Te rindo mi vida Señor; en cada momento de mi día y en cada decisión que tome, cedo mi voluntad y mis caminos a tu perfecta voluntad y tus caminos.

Yo también te amo. Amén.

DÍA 7

DESCANSA, PONTE AL DÍA O PROFUNDIZA

RETO SEMANAL

La luz es un tema recurrente en Juan y está muy presente en los capítulos 8 y 9. Esta semana reserva un tiempo temprano en la mañana o tarde en la noche para orar. Deja tu teléfono en otro lugar. Apaga las luces eléctricas y enciende una vela o haz un fuego (¡ten cuidado!). Observa que sin importar cuán oscura sea la oscuridad alrededor de la vela o el fuego, la luz siempre está allí, luchando contra la oscuridad. Da gracias a Dios por enviar la luz del mundo a nosotros y pídele que te muestre cómo guiar a otros hacia la luz.

VERSÍCULO PARA MEMORIZAR

Yo soy la vid, ustedes los sarmientos; el que permanece en Mí y Yo en él, ese da mucho fruto, porque separados de Mí nada pueden hacer.
Juan 15:5

SEMANA 5

Juan 10-11:
La atención de Dios

LECTURA BÍBLICA DIARIA

Día 1: Juan 10:1-21

Día 2: Juan 10:22-42

Día 3: Juan 11:1-27

Día 4: Juan 11:28-44

Día 5: Juan 11:45-57

Día 6: Salmos 23

Día 7: Para ponerte al día

Corresponde a los días 297 y 302 de *La sinopsis de la Biblia*

RETO SEMANAL

Ver la página 129 para más información.

DÍA 1

JUAN 10:1-21

LEE JUAN 10:1-21

1. **Repasa 10:1-6.**

Después de la dramática interacción entre el hombre que veía (antes el ciego) y los fariseos, Jesús advirtió a la multitud sobre los líderes religiosos malvados y enfatizó su propio buen carácter. Usó una analogía comprensible: las ovejas y los pastores. En el Antiguo Testamento, los líderes religiosos eran llamados pastores (Isaías 56:11; Jeremías 3:15), y las personas de esta cultura antigua estaban familiarizadas con la terminología agrícola.

2. **Usa una herramienta de estudio bíblico para describir un redil.** Incluye tanto detalle como sea posible.

Jesús advirtió a la multitud que no todos los que interactuaban con las ovejas tenían buenas intenciones para ellas. Usó dos palabras distintas: *ladrón* (*kleptēs*) y salteador (*lēstēs*)] para mostrar cómo un tipo trata de tomar el rebaño con engaños o trucos y el otro con violencia o destrucción. Mientras los líderes malvados saltan cercas, el pastor entra al redil de la manera correcta y cuida debidamente al rebaño.

3. Usando 10:3-5 como guía, asocia la acción con la persona. Puede aplicarse más de una acción.

Persona	Acción
Pastor	intenta (y falla) guiar a las ovejas, las ovejas huyen de él
Ovejas	llama a sus ovejas por nombre, las conduce afuera, saca todas las suyas, va delante de las ovejas
Extraño	oyen la voz del pastor, conocen la voz del pastor, siguen al pastor

De la misma manera en que puedes usar una voz especial cuando hablas con tus mascotas, los pastores usaban una llamada específica para sus ovejas. Los animales conocían la voz del pastor debido al tiempo que pasaban juntos, y lo seguían voluntariamente debido a la confianza que habían establecido.

4. ¿Cómo puedes reconocer la voz del Buen Pastor? Describe cómo lo escuchas a Él y disciernes sus indicaciones y su llamado para tu vida.

5. **Repasa 10:7-18.**

Aquí vemos la tercera de las declaraciones metafóricas del tipo *Yo soy* de Jesús en el Evangelio de Juan: "Yo soy la puerta de las ovejas". Cuando estudiaste el redil, probablemente leíste que el pastor se sienta en la puerta (la abertura) del redil y cuida a las ovejas durante la noche. Cuando Jesús anunció que Él era la puerta, les estaba diciendo: "Yo soy el único camino para entrar".

Esta declaración tiene otro significado, que Él reitera en su cuarta declaración metafórica de *Yo soy*: "Yo soy el buen pastor". El pastor es el que se acuesta en la entrada del redil. Y no es solo su pastor; es un pastor *bueno*. Él las protege de aquellos que buscan hacerles daño o aprovecharse de ellas. Recuerda: Él le está hablando a una multitud que acaba de ver a los líderes religiosos enfurecerse porque ¡una oveja herida fue sanada! Jesús estaba diciendo: "¡Los pastores entre ustedes son malvados, pero Yo soy el Buen Pastor profetizado en Ezequiel!" (Ezequiel 34:15, 23). Los invitó a entrar en su redil para encontrar protección y descanso.

En las iglesias de hoy, algunos pastores pueden causar daño a las ovejas de manera consciente (o inconsciente). Cuando esto sucede, una reacción natural podría ser huir del redil directamente. La identificación de Jesús como el Buen Pastor nos ayuda a ver que podemos, en cambio, correr hacia Él y confiar en su corazón para cuidar correctamente a sus ovejas. Podemos descansar en su capacidad para sacar la verdad a la luz e implementar justicia piadosa, y podemos descansar en su plan para restaurar todas las cosas.

6. **Usa una herramienta de estudio bíblico para examinar el 10:16.** ¿Quiénes son las ovejas "que no son de este redil" que Jesús declara que traerá? ¿Por qué es esta una buena noticia para muchos de nosotros hoy?

7. Usando 10:17-18 como guía, llena la tabla para indicar lo que el texto revela...

Sobre la relación entre el Padre y el Hijo	
Sobre la autoridad de Jesús	
Sobre la obediencia de Jesús al Padre	

8. **Repasa 10:19-21.**

Cuando Jesús terminó de hablar, los judíos estaban divididos en su opinión acerca de su enseñanza; estaban divididos sobre su identidad. Algunos creían que estaba loco y poseído por un demonio, y otros no estaban de acuerdo: "¿Puede acaso un demonio abrir los ojos de los ciegos?".

El verdadero Pastor estaba de pie en medio de ellos, pero sus ojos seguían ciegos para verlo y sus oídos sordos para escuchar su llamada distintiva.

DÍA 2

JUAN 10:22-42

LEE JUAN 10:22-42

1. **Repasa 10:22-30.**

En la lectura de hoy, los judíos estaban celebrando la Fiesta de la Dedicación (también conocida como Janucá), que tiene lugar en invierno, aproximadamente en la época en que los cristianos celebran la Navidad. El invierno es la temporada de lluvias en Israel, así que es posible que tuvieran mal tiempo, porque el texto menciona que Jesús estaba caminando por el área cubierta del atrio exterior del templo.

2. **Busca la palabra usada para "rodearon" (10:24) y lee todos los demás versículos donde se usa esta palabra en la Escritura.** Hay un total de cinco versículos. Busca un tema común entre esos versículos. ¿Quién o qué está siendo "rodeado" y por quién?

En casi todos los usos de esta palabra, la persona o cosa que está siendo rodeada es un enemigo de aquellos que están haciendo el "rodeo". Es muy parecido a cómo las películas muestran a un grupo de matones del patio de recreo rodeando a su persona de interés. En este escenario, Jesús era la persona de interés, y los judíos que lo rodearon expresaron su petición: "¡Deja de mantenernos en suspenso y dinos claramente si eres el Cristo!".

Jesús se lo había dicho claramente, pero ellos no creían. Aunque era cuidadoso con cómo y cuándo compartía su mensaje, no había mantenido en secreto su identidad, sus milagros ni su misión.

3. Repasa los pasajes a continuación y escribe cómo Jesús había dado a conocer su identidad a los judíos.

Pasaje	Identidad revelada de Jesús
Juan 5:19-23	
Juan 7:28-29	
Juan 8:58	
Juan 10:9	
Juan 10:11	

Jesús les explicó que no solo sus palabras daban testimonio de su deidad, sino también sus obras. No estaba simplemente diciendo que era el Hijo de Dios; lo estaba demostrando. Y ellos se negaron a escuchar y creer repetidamente.

4. Llena los espacios en blanco de la declaración de Jesús en 10:26.

"Ustedes no ___________ ___________ no son ___________ ___________ ___________".

Jesús reiteró que sus ovejas escuchan su voz y son conocidas por Él. Proclamó los grandes regalos que les da a sus ovejas y reafirmó esta verdad: nadie (ni un animal feroz, ni un ladrón codicioso; nadie) las arrebataría de su mano. Su mano es fuerte y su corazón es bueno, *y* su mano está haciendo el mismo trabajo que la mano de su Padre.

5. En 10:29-30, ¿qué declaró Jesús sobre la relación del Padre con las ovejas? ¿Y con Jesús?

Jesús ama a las ovejas y las cuida como lo hace su Padre. Jesús y el Padre son dos personas distintas, y su unidad demuestra su igualdad. Jesús es Dios, al igual que el Padre es Dios. Al escuchar esta declaración, los judíos estaban listos para apedrearlo.

6. **Repasa 10:31-42.**

Jesús refutó su intento de apedrearlo respondiendo con la Escritura. Les habló (de rabino a rabino) usando el Salmo 82 como base para su argumento. Jesús razonó de esta manera: si a esos hombres, esos jueces terrenales, se les llamó metafóricamente "dioses" (Salmos 82:1, 6) debido a su posición, ¿por qué los judíos lo acusaban de blasfemia cuando Jesús se refería a sí mismo como el Hijo de Dios, a la luz de todo lo que había dicho y hecho?

7. En 10:37-38, ¿qué quería demostrar Jesús a los líderes judíos? ¿En qué sentido moldean estas palabras tu perspectiva sobre Jesús?

Jesús escapó de sus intentos de arrestarlo y se retiró al lugar donde JEB lo bautizó. La gente allí recordó las palabras que JEB había hablado acerca de Jesús, y comprendieron que esas palabras se habían cumplido; y muchos de ellos creyeron en Él.

8. ¿La fidelidad de alguien al hablar la verdad acerca de Jesús te ha impactado días, meses o años después? ¡Escribe una oración de agradecimiento por aquellos que te han animado con verdades del evangelio!

DÍA 3

JUAN 11:1-27

LEE JUAN 11:1-27

1. **Repasa 11:1-16.**

El pasaje de hoy contiene una historia asombrosa que solo aparece en el Evangelio de Juan. Lázaro estaba enfermo y necesitaba desesperadamente el tipo de milagro que Jesús había hecho para las multitudes. La relación cercana de su familia con Jesús probablemente hizo que sus hermanas enviaran un mensaje urgente al propio hacedor de milagros, dejándole saber sobre la enfermedad de Lázaro; sin embargo, Jesús no corrió inmediatamente a su hogar, ni declaró una palabra para realizar una sanidad a distancia. En lugar de eso, hizo una declaración a los discípulos que probablemente los dejó perplejos.

2. Completa los espacios en blanco del 11:4:

> "Esta enfermedad no es ____________ ____________ sino para la ____________ de Dios, para que el ____________ de ____________ sea glorificado por ____________ de ella".

Jesús sabía lo que otros no sabían: Lázaro iba a morir, pero no permanecería muerto. Durante los dos días siguientes, Jesús no estuvo apáticamente perdiendo el tiempo ni preguntándose qué hacer después. Su plan desde el principio era resucitar a Lázaro, y su tiempo era intencional. En esa cultura, una persona debía estar muerta por cuatro días para ser considerada *realmente* muerta. Muchos eruditos creen que la demora de Jesús fue deliberada, magnificando así su milagro.

3. En 11:9-10, ¿qué significa "anda de día" y "anda de noche"? Para más ayuda, consulta Mateo 4:16, Juan 1:4, Juan 8:12 y Hebreos 1:3.

Finalmente, Jesús comenzó su camino hacia Betania, sabiendo que el gran milagro que estaba a punto de realizar incomodaría a la élite religiosa y, en última instancia, lo llevaría a su propia muerte y resurrección. Los discípulos estaban preocupados por su decisión de regresar a una región hostil llena de multitudes enojadas, pero Tomás (más que solo un dudoso) estaba dispuesto a morir con Él.

4. **Repasa 11:17-27.**

Cuando Jesús llegó a la casa de su amigo, las dolientes ya estaban allí. Lázaro, de hecho, estaba muerto, y sus hermanas estaban devastadas. Podemos imaginar la angustia de Marta al decir: "¡Jesús, si hubieras estado aquí, esto no habría pasado!". Sin embargo, inmediatamente después de expresar su tristeza, mostró una gran fe: "Aun ahora, yo sé que todo lo que pidas a Dios, Dios te lo concederá" (11:22). Marta fue honesta con su dolor por la demora de Jesús, pero su tristeza no erosionó su fe. Aunque probablemente ya no esperaba un milagro, permaneció comprometida a confiar en Dios.

Marta estaba en la presencia de Dios (el único lo suficientemente poderoso como para resucitar a su hermano y aquel cuya propia resurrección la redimiría) cuando Él le dijo: "Yo soy la resurrección y la vida". Esta fue su quinta declaración metafórica del tipo *Yo soy*, y es la gran esperanza para todos nosotros. Las palabras de Jesús aquí se repiten una y otra vez en el Nuevo Testamento, recordándonos que, gracias a Él, ¡somos salvados de la muerte y llevados a la vida eterna!

5. Completa la tabla con la creencia y su resultado.

Versículo	Creencia	Resultado
Juan 3:16		
Juan 3:36		
Juan 12:46		
Romanos 10:9		
Hechos 16:31		

A través de su propia muerte, Jesús conquistó la muerte para siempre. Aunque Marta aún no comprendía lo que Él estaba diciendo, Jesús estaba sembrando la semilla para que lo entendiera más adelante. Fíjate, Él no le preguntó después: "¿Entiendes?", sino: "¿Crees?". No se nos exige entender todo a la perfección, sino creer en Él a pesar de lo que aún sea un misterio para nosotros. Para quienes luchan con dudas o con falta de entendimiento, recuerda esto: *Él es quien actúa*. Él nos da la capacidad de creer y nos concede más fe mientras lidiamos con nuestras dudas.

6. ¿Qué duda o desilusión estás experimentando en este momento? ¿Cómo puedes "andar de día" de modo práctico con Jesús en medio de esas emociones? Marcos 9:24 es el clamor sincero de un hombre que buscaba ayuda en una situación difícil. Escribe tu propio clamor a Dios en el espacio a continuación.

DÍA 4

JUAN 11:28-44

LEE JUAN 11:28-44

Como la lectura de hoy es la continuación de la conversación de ayer, parte de nuestro estudio conectará las dos partes de esta escena.

1. **Repasa 11:28-37.**

Después de la conversación de Jesús con Marta, ella le dijo a su hermana María que "el Maestro" había llegado. Es interesante que le diera este título a Jesús; en esos días, los rabinos no solían enseñar a las mujeres, pero Jesús no mostraba parcialidad. María se había sentado a sus pies aprendiendo; Él, de hecho, le había enseñado (Lucas 10:38-42). Al escuchar la noticia, María salió inmediatamente fuera de la aldea para encontrarse con Jesús; los visitantes (que estaban allí para consolarla) la siguieron, suponiendo que iba a visitar la tumba.

2. **Repasa las interacciones de las hermanas con Jesús en 11:20-35.**

Marca con un *check* (✓) las palabras y acciones de Marta y la respuesta de Jesús. Marca con un signo más (+) las palabras y acciones de María y la respuesta de Jesús.

Palabras:

"Señor, si hubieras estado aquí, mi hermano no habría muerto".

"Señor, si hubieras estado aquí, mi hermano no habría muerto".

Acciones:

Salió inmediatamente para encontrarse con Jesús.

Se quedó en la casa hasta que Jesús la llamó,
luego cayó a sus pies.

Respuesta de Jesús:

"Tu hermano resucitará... Todo el que vive y cree en mí,
no morirá jamás. ¿Crees esto?".

Preguntó dónde habían colocado a Lázaro, luego lloró.

Estas dos hermanas hicieron la misma declaración a Jesús, pero la declaración estaba enmarcada en dos conjuntos diferentes de acciones y tonos. Podría ser fácil categorizar a Marta como la "pensadora" lógica que toma acción práctica y a María como la "emocional" que se inclina hacia su devoción y sentimiento, pero Jesús no afirmó que una disposición fuera mejor que la otra. En cambio, adaptó su respuesta para satisfacer las necesidades de cada persona. Con Marta, la encontró en su lógica y razonó con ella sobre su plan de resurrección. Con María, la encontró en su emoción y lloró.

3. **Usa un diccionario de griego para definir *llorar* (11:33) y *lloró* (11:35).** ¿Cómo difieren estas dos palabras?

"Jesús lloró". Este es el versículo más corto de toda la Biblia, pero no es menos importante que cualquier otro. Este versículo revela que Dios encarnado (el Dios a cuya semejanza estamos hechos) tiene emociones. No hay pecado ni vergüenza en nuestras lágrimas. Y al leer sobre sus lágrimas, vemos que Él realmente es un hombre familiarizado con el dolor (Isaías 53:3); comprende nuestro sufrimiento y empatiza con nosotros (Hebreos 4:15).

4. Piensa en un momento en el que estuviste abrumado por la tristeza. ¿Es tu tendencia *alejarte* de Dios como si Él no entendiera o *acercarte*, sabiendo que Él se interesa? Si es lo primero, ¿cómo cambia este texto tu perspectiva acerca del corazón de Dios hacia ti?

Cuando la multitud lo vio llorando, dijeron: "Vaya, Jesús realmente lo amaba". Algunos añadieron: "Me pregunto por qué no pudo salvarlo". Mientras que algunos piensan que estas palabras estaban cargadas de empatía, otros creen que fue un comentario sarcástico sobre el poder o las motivaciones de Jesús; quizás la multitud tenía una amplia gama de opiniones. Jesús, comprometido con su plan y no dejándose disuadir por las opiniones de los hombres, estaba a punto de asombrarlos con lo que sucedió después.

5. **Repasa 11:38-44.**

Jesús llegó a la tumba con una misión. Esta es la segunda vez en unos pocos versículos que la Escritura dice que Él estaba "profundamente conmovido".

6. **Busca la frase *profundamente conmovido* (11:33, 38) en un diccionario de griego y toma nota de lo que encuentres. Ahora busca la frase *turbado* en un diccionario de griego (11:33) y toma nota de lo que encuentres.** ¿Qué crees que llevó a Jesús a sentirse de esta manera?

La palabra para "profundamente conmovido" tiene un tono de ira, no de tristeza. Algunos estudiosos creen que Él estaba enojado con los que no creían; pero parece más probable que estuviera enojado con la muerte misma, especialmente porque esta emoción se menciona por primera vez durante su conversación con María.

Frente a la tumba, Jesús ordenó que quitaran la piedra. Observa que Marta, como siempre siendo práctica, le recordó amablemente: "Ha estado allí dentro cuatro días, Jesús; va a oler fatal". Jesús le respondió recordándole su conversación previa.

7. Llena los espacios en blanco de 11:40 a continuación.

"¿No te dije que si _______________, verás la _______________ de Dios?".

Jesús no avergonzó públicamente a Marta por "ser Marta"; en cambio, le recordó amablemente que pusiera su fe en acción. Él no necesitaba su fe (ni la fe de su hermana) para hacer el milagro. Podía cumplir su plan sin ellas. Sabía que verían el resultado y estarían felices, pero si no creían de verdad, no verían la gloria de Dios.

8. En 11:41-42, ¿a quién dirigió Jesús su oración? ¿Por qué oró en voz alta de esta manera? ¿Qué esperaba lograr?

Después de orar públicamente, sabiendo que conquistaría la muerte, Jesús habló a Lázaro como si ya estuviera vivo: "¡Lázaro! ¡Sal fuera!". Y el hombre salió de donde estaba enterrado, ¡con la ropa de entierro y todo! Lázaro estaba completamente vivo, pero aún vestido de pies a cabeza como un hombre muerto. (De hecho, probablemente tuvo que salir de la tumba dando saltitos debido a lo ajustadas que se ponían las vendas a los cuerpos muertos). Entonces, Jesús ordenó a quienes lo rodeaban que desataran sus ropas funerarias. Lázaro había resucitado milagrosamente, pero Jesús aún invitó a los que estaban a su alrededor a participar en el proceso. ¡Qué hermoso que *incluso aquellos que dudaron*, quizás pudieron participar del gozo y la admiración de su sanidad!

DÍA 5

JUAN 11:45-57

LEE JUAN 11:45-57

1. **Repasa 11:45-54.**

¿Recuerdas lo que sucedió en la lectura de ayer? Un hombre, envuelto en ropa funeraria que había estado en una tumba por *cuatro* días, se levantó y salió de su tumba, ¡completamente vivo! Llamar a esto un gran milagro es quedarse corto, pero observa que Juan no se detuvo a destacar lo que ocurrió después en la vida de Lázaro. En cambio, el autor mantuvo el enfoque en lo principal: proclamar a Jesús como Dios. Los testigos de este milagro tuvieron dos reacciones muy diferentes: un grupo creyó, mientras que el otro corrió a reportar a las autoridades religiosas judías sobre Jesús.

2. Usa una herramienta de estudio bíblico para relacionar el título religioso con su descripción.

Fariseos	De la tribu de Leví; una posición alta entre los israelitas
Consejo	Intercesor entre Dios y su pueblo; a cargo del culto en el templo/tabernáculo.
Sumo sacerdote	Sanedrín; un consejo político y judicial encabezado por el sumo sacerdote.
Principales sacerdotes	Expertos en la ley; creían en la resurrección y seguían estrictas tradiciones legales que no estaban en la Torá.

3. ¿Quién era el sumo sacerdote en ese tiempo?

Seguir la pista de los títulos religiosos y sus significados puede ser complicado, pero no imposible. Un poco de lectura adicional en tu comentario bíblico favorito te ayudará rápidamente. No te apresures sin intentar comprender mejor estos detalles, ya que serán de gran ayuda en los días venideros.

4. ¿Qué queja tenían los líderes religiosos contra Jesús en 11:47? ¿Qué temores mencionaron en 11:48?

Caifás dio una respuesta agresiva a los hombres que lo rodeaban y presentó una solución lógica (aunque increíblemente inmoral): "Es mejor que un hombre muera para que nuestra nación y nuestro lugar de culto permanezcan para siempre". No se dio cuenta, pero hizo una declaración profética. El sumo sacerdote compartió el plan de Dios con otros sin ser consciente de ello.

Y, mientras Juan registraba la historia, utilizó este momento para destacar un significado más profundo: Jesús moriría para salvar a muchos de perecer.

5. ¿Cómo complementan las palabras de Jesús en Juan 3:16 las palabras de Caifás en 11:50?

6. Resume 11:51-52 con tus propias palabras. ¿Qué significa "reunir en uno [nación] a los hijos de Dios que están esparcidos"? **(Consulta Juan 10:16 y una herramienta de estudio bíblico si necesitas ayuda).**

Los líderes religiosos planearon la muerte de Jesús para preservar su orden religioso, pero sus perversas intenciones no interrumpieron el plan de Dios. De hecho, Dios incluso usó las motivaciones pecaminosas de los hombres para cumplir sus grandes propósitos.

Después de esto, Jesús dejó de caminar abiertamente entre los judíos, no porque les tuviera miedo, sino porque sabía que su hora aún no había llegado (ver Juan 7:30). Él y sus discípulos fueron a quedarse en la aldea desértica de Efraín por el momento. La ubicación de este pueblo es incierta, pero algunos mapas lo sitúan aproximadamente a unos siete kilómetros al norte de Jerusalén.

7. **Repasa 11:55-57.**

Esta es la tercera y última Pascua mencionada en Juan, y Jesús era ciertamente el tema principal de conversación en esta fiesta mientras la gente se reunía y comenzaba sus preparativos. Mientras se eliminaba la levadura de los hogares, se realizaban lavados rituales y se adquirían animales sin defecto, el Cordero de Dios (que quitaría el pecado del mundo) esperaba fuera de la ciudad. Y nuestra lectura nos deja en suspenso mientras comienzan los preparativos festivos.

El verdadero Cordero de la Pascua permaneció dispuesto a soportar todo lo que estaba por delante y se mantuvo sometido al plan del Padre, establecido desde antes del principio (Apocalipsis 13:8). Y aun sabiendo todo lo que soportaría, estaba comprometido con gozo a llevar a cabo el plan (Hebreos 12:2). Él esperó, y ahora nosotros esperamos. Él se sometió, y ahora nosotros podemos someternos. Él esperaba gozo, y ahora nosotros también podemos esperar gozo, ¡porque Él es donde está el gozo!

8. ¿Qué es lo que más te impactó del estudio de esta semana? ¿Por qué?

9. ¿Qué aprendiste o recordaste acerca de Dios y su carácter esta semana?

DÍA 6

SALMO CORRESPONDIENTE Y ORACIÓN

LEE SALMOS 23

1. ¿Qué correlación ves entre Salmos 23 y el estudio de esta semana sobre Jesús como Dios?

2. ¿Qué porciones de este salmo captan más tu atención?

3. Termina haciendo esta oración en voz alta:

Padre,

Eres el Buen Pastor. Me invitas a tu redil y allí me das descanso. Cuidas del rebaño, y también cuidas de cada oveja. Tu amor es inmenso, extendiéndose por todo el mundo. Y tu amor es personal, cuidando de mí en cada momento, en cada emoción.

Sé cuán bueno es caminar contigo durante el día, pero a veces he elegido caminar en la noche. Y así, he tropezado. Me he dejado consumir por emociones descontroladas, en lugar de permitir que estas me acerquen ti. He dirigido mi ira contra ti en lugar de llevarla humildemente ante ti. Me he perdido en mi miedo en lugar de pedirte que me guíes a través de él. Incluso me he atribuido el mérito de mi alegría, en lugar de alabarte por ella.

Que mis emociones sean señales que me guíen hacia ti. Como María, permíteme llorar contigo, que estás familiarizado con el dolor. Como Marta, que la tristeza sea un catalizador para una fe más profunda. Sé que todo estará bien, sin importar a dónde me lleves, porque tú eres bueno. Tú te encargarás de todo.

Rindo mi vida a ti, Señor; en cada momento de mi día y en cada decisión que tome, cedo mi voluntad y mis caminos a tu perfecta voluntad y camino.

Yo también te amo. Amén.

DÍA 7

DESCANSA, PONTE AL DÍA O PROFUNDIZA

RETO SEMANAL

En el día 2 leímos que el testimonio de Juan el Bautista sobre Jesús siguió influenciando a las personas de tal manera que, cuando Jesús llegó, se maravillaron y creyeron. Sus palabras y acciones prepararon el camino para que las personas creyeran, dejando una huella duradera. Seguramente hay una persona en tu vida que también ha dejado una huella duradera en ti. Escribe una nota de gratitud y ánimo para esa persona y compártela con ella.

SEMANA 6

Juan 12-13:

El corazón de siervo de Dios

VERSÍCULO PARA MEMORIZAR

Si alguien no permanece en Mí, es echado fuera como un sarmiento y se seca; y los recogen, los echan al fuego y se queman.

Juan 15:6

LECTURA BÍBLICA DIARIA

Día 1: Juan 12:1-19

Día 2: Juan 12:20-36a

Día 3: Juan 12:36b-50

Día 4: Juan 13:1-20

Día 5: Juan 13:21-38

Día 6: Salmos 113

Día 7: Para ponerte al día

Corresponde a los días 307 y 314 de *La sinopsis de la Biblia*

RETO SEMANAL

Ver la página 153 para más información.

DÍA 1

JUAN 12:1-19

LEE JUAN 12:1-19

En la lectura de hoy, son seis días antes de la Pascua: la última semana antes de la muerte de Jesús. Casi la mitad del Evangelio de Juan está dedicado a esta semana de la vida de Jesús.

1. **Repasa 12:1-8.**

En Betania de Judea, una pequeña aldea a las afueras de las murallas de Jerusalén, la familia de Lázaro organizó una cena en honor a Jesús. Es probable que esta cena se celebrara en agradecimiento porque Jesús resucitó a Lázaro de entre los muertos. Por lo tanto, imagina la ironía de celebrar el regreso de Lázaro a la vida mientras Jesús estaba siendo ungido en preparación para su muerte.

2. Une a los asistentes con sus acciones en 12:2-6.

Marta	expresando frustración con las acciones de María
Lázaro	ungiendo los pies de Jesús con nardo muy caro
Jesús	sirviendo
María	reclinándose en la mesa
Judas	reclinándose en la mesa con Jesús

Fuera de las paredes de la casa circulaba una orden verbal para el arresto de Jesús, pero dentro de esas paredes Jesús estaba siendo celebrado y honrado de maneras que escapan a nuestra comprensión moderna. Este nardo perfumado, que los estudiosos sugieren probablemente provenía del Himalaya, tenía un valor equivalente al salario de un año. O esta familia era muy rica o, más probablemente, era lo más valioso que poseían. Mientras María lo ungía, la casa se llenó con la fragancia del perfume; sin embargo, quizás no todos los presentes encontraron su aroma agradable.

3. ¿Cuál de las siguientes afirmaciones es cierta respecto al aroma en 2 Corintios 2:14-17? (Lee la NTV).

a. Es percibido de modo diferente por aquellos que se salvan y por los que se pierden.
b. Es percibido de manera similar por todos.
c. Para aquellos que se pierden, es un olor terrible de muerte y condenación.
d. Para los que se salvan, es un perfume que da vida.
e. A, C y D.
f. Todas las anteriores.

Aunque la declaración de Judas pueda parecer reflexiva, prudente y práctica, Juan reveló que las motivaciones de Judas tenían que ver más con el hecho de que utilizaba la bolsa del dinero como su alcancía personal. La hipocresía de Judas pronto sería revelada.

4. ¿Hay áreas de tu vida donde podrías tener motivos ocultos detrás de afirmaciones de practicidad? En ese caso, ¿cuáles son? Ora el Salmo 139:23-24 sobre cada una de esas áreas.

Si leemos Juan 12:8 fuera de contexto, podríamos preocuparnos de que Jesús estuviera siendo insensible hacia los pobres en su respuesta a Judas, pero en realidad estaba haciendo referencia a Deuteronomio 15:10-11, que trata sobre las leyes para el cuidado de los pobres. El corazón de Jesús por los pobres era amable y también activo. Y, en este escenario, era apropiado que María lo ungiera para su muerte, pues Él sabía que se acercaba rápidamente.

5. **Repasa Juan 12:9-11.**

Muchas personas se sintieron atraídas hacia Jesús debido a la resurrección de Lázaro; pero, nuevamente, vemos que Jesús tenía un impacto polarizador en su audiencia. Había algunos que querían matar a Lázaro porque Jesús lo había resucitado de entre los muertos. ¡Cuán irónico! Sin embargo, también vemos que muchos comenzaron a creer en Jesús a causa de esto. Cuando nos encontramos con la verdad, somos forzados a tomar partido; no podemos enfrentarnos a la deidad de Jesús y permanecer neutrales.

6. **Repasa Juan 12:12-19.**

Mientras los judíos se reunían en Jerusalén para celebrar la Pascua, escucharon que Jesús estaba en la ciudad: este resucitador, este hacedor de milagros que estaba alterando a quienes ocupaban el poder. *¿Sería este el Mesías, el que derrocaría a Roma?* Es probable que hubiera entre la multitud algunos zelotes, hombres entrenados como asesinos para iniciar su revuelta contra Roma cuando llegara el momento. Estaban esperando un líder digno de seguir en esa rebelión política.

En la Israel del primer siglo, la rama de palma era utilizada por los zelotes como un símbolo militarista de revolución. Representaba independencia y victoria. Mientras su esperanza de libertad se acercaba, reunieron ramas de palma para honrarlo. "¡Hosanna!", clamaron. La palabra significa "¡Sálvanos!", pero no estaban buscando la salvación de sus pecados; no tenían perspectiva para entender que el Dios del universo los estaba invitando a una salvación y libertad *eternas*. Eran miopes, enfocándose solo en lo temporal.

Por lo tanto, imagina su sorpresa cuando, en lugar de entrar montado en un caballo de guerra como el poder militar que seguramente habían imaginado, Jesús entró montado en un burro. Subvirtió sus expectativas y, al mismo tiempo, cumplió la profecía de Zacarías hecha quinientos años antes (Zacarías 9:9). Estas eran las cosas que sus discípulos solo comprenderían en retrospectiva.

7. **Busca Apocalipsis 7:9-10 y completa los espacios en blanco de 7:9 a continuación:**

"Una gran multitud que nadie podía contar, de todas ______
______________, ______________, ______________
y ______________".

Hoy, esperamos el cumplimiento de esa profecía; sin embargo, esta vez será cada nación, tribu, pueblo y lengua agitando ramas de palma delante del Cordero. La única manera en que cada nación, tribu y pueblo puede alzar el símbolo de la victoria es si todos estamos unidos bajo un solo Dios y Rey. El Domingo de Ramos preparó el escenario para aquel *gran día* cuando todo el mundo lo seguirá.

DÍA 2

JUAN 12:20-36A

LEE JUAN 12:20-36A

La lectura de ayer terminó con la entrada triunfal de Jesús. Los fariseos respondieron: "Miren cómo todo el mundo se va tras Él". Es probable que estuvieran siendo hiperbólicos, hablando desde su irritación por la popularidad de Jesús; sin embargo, como hemos visto antes en el libro de Juan, los fariseos estaban siendo proféticos sin darse cuenta, porque eso es exactamente lo que sucedió después. Hoy retomamos con otros grupos de personas, además de los judíos, que buscaban a Jesús.

1. **Repasa Juan 12:20-26.**

Los griegos se acercaron primero a Felipe, probablemente porque era el discípulo con un nombre griego. No se nos dice su trasfondo, por lo que podrían haber sido conversos al judaísmo, o tal vez solo tenían esa misma curiosidad por la que eran conocidos los griegos.

Felipe y Andrés le dijeron a Jesús que los griegos querían verlo, pero, como es típico en Jesús, no pareció responder a la pregunta que le hicieron. En lugar de eso, comenzó a hablar sobre la necesidad de mantenerse en el camino. No está claro si Jesús se reunió con los griegos, pero dado su mensaje, parece que quizás compartió estas palabras solo con sus discípulos y con la multitud inmediata.

Muchas personas (los zelotes, los fariseos, ahora los griegos) habían estado buscando a Jesús y por diversas razones, pero Jesús señaló que, en su humanidad, no podía reunirse con todas las personas que lo buscaban; sin embargo, sabía que había una manera de que una sola semilla diera mucho fruto: debía morir. La única manera en que Él podía servir a las multitudes que lo necesitaban era a través de su muerte.

2. Escribe Juan 12:25 con tus propias palabras.

3. ¿Qué aspectos de tu vida te resultan más difíciles de "aborrecer" o de considerarlos menos valiosos que seguir a Jesús?

La enseñanza de Jesús sobre aborrecer la propia vida no era un llamado a la depresión o a una perspectiva negativa. En cambio, señalaba que deberíamos estar dispuestos a poner cualquier cosa en nuestras vidas en la balanza si compite con nuestra lealtad a Él. Seguirlo es donde se encuentra la verdadera bendición y favor. E incluso mientras profetizaba su propia muerte, Jesús sabía que no era el fin. Invitó a sus seguidores a estar cerca de Él, a servir, a recibir honor del Padre.

4. **Repasa Juan 12:27-36a.**

Aunque Jesús estaba turbado por el plan de su muerte, estaba preparado para ello y comprometido con ello. Sabía que ese era su propósito. Mientras hablaba con el Padre sobre esto, el Padre respondió audiblemente para que incluso los que estaban entre la multitud pudieran escuchar; y, de hecho, esa era la intención de Dios: que los espectadores pudieran ser testigos de esta unidad entre el Padre y el Hijo, afirmando el plan.

5. **Busca el uso que hace Jesús de la expresión "ser levantado" en Juan 12:32 en un diccionario de griego.** Escribe todos los significados que encuentres.

Mientras Jesús continuaba hablando sobre su muerte, la multitud expresó su confusión. Ellos pensaban que el Mesías nunca se iría. "Hijo del Hombre" es un título mesiánico que los judíos habrían reconocido por la profecía de Daniel. Vimos una mención de esto en nuestro estudio de Juan 3:14-15, donde Jesús le dijo a Nicodemo que el Hijo del Hombre debía ser levantado así como Moisés levantó la serpiente en el desierto.

6. **Busca Daniel 7:13-14.** ¿Qué no es cierto sobre el Hijo del Hombre?

a. Vino con las nubes del cielo.
b. Se le dio dominio, gloria y un reino.
c. Todos los pueblos le servirían.
d. Su dominio no pasaría.
e. Su reino sería destruido.

Parece que esta multitud era sincera en sus preguntas, realmente tratando de entender quién era Él. Tal vez habían sido convencidos por lo que acababa de suceder: la voz de Dios resonando a través de la atmósfera como un trueno, innegable. Al hacer preguntas, Jesús los enfrentó con la oferta de arrepentimiento y fe: apartarse de las tinieblas y caminar en su luz.

DÍA 3

JUAN 12:36B-50

LEE JUAN 12:36B-50

1. **Repasa 12:36b-43**

Hasta este punto en el Evangelio de Juan, hemos sido testigos de una abundancia de señales y milagros realizados por Jesús durante su ministerio.

2. Escribe algunos que recuerdes de nuestro estudio hasta ahora.

Vieron la realidad de su poder, pero no creyeron en la divinidad que esas señales buscaban destacar. Habiendo hecho todo lo que podía, finalmente se ocultó de ellos. Juan dijo que esto era por un propósito importante: cumplir la profecía de Isaías.

3. **Usando tus herramientas favoritas de estudio bíblico (un comentario, Biblia de estudio, etc.), investiga sobre Juan 12:40 y escribe lo que encuentres.**

Este pasaje nos dice que Isaías dijo estas cosas porque vio la gloria de Dios y eso lo motivó a actuar.

4. **Busca la palabra *gloria* (12:41) en un diccionario de griego.** Descríbela a continuación con tus propias palabras.

5. ¿Es esta definición de *gloria* diferente de lo que pensabas que significaba? Si es así, ¿en qué sentido?

Qué aleccionador es considerar los lugares donde nosotros, al igual que las autoridades en la lectura de hoy, somos propensos a amar la gloria barata de los hombres más que la mejor gloria que proviene del Dios todopoderoso.

6. Llena la tabla a continuación con algunos ejemplos.

¿Por qué sueles recibir elogios de la gente?	¿Qué es lo que tiendes a buscar en los elogios de la gente?

Muchas de las cosas por las que las personas nos alaban son regalos de Dios. Pero ¿sabemos en nuestro corazón que la gloria de Dios es mejor que cualquier alabanza que podamos recibir de los seres humanos?

7. Ora la verdad de Gálatas 1:10 sobre tus deseos y motivaciones.

8. **Repasa Juan 12:44-50.**

En el relato del Evangelio de Juan, estas palabras son el último discurso que Jesús dio al público antes de su arresto. Estas palabras parecen servir como su última y autoritativa aclaración sobre mucho de lo que ya les había dicho al público sobre Él mismo.

9. Traza líneas para completar las declaraciones de Jesús en Juan 12:44-46.

"El que cree en Mí, no cree…"	"la luz".
"Y el que me ve, ve…"	"en Aquel que me ha enviado".
"Yo… he venido al mundo…"	"a Aquel que me ha enviado".

La declaración de Jesús de que Él vino al mundo como la luz señala al cumplimiento de otra profecía de Isaías. Dentro de esta promesa de luz, también está la implicación de que aquellos que no creen permanecen en tinieblas. Él vino con la autoridad del Padre para salvar a un mundo que realmente necesitaba ser salvado.

10. En Juan 12:47-48 Jesús hace una distinción importante. Llena los espacios en blanco:

"No vine a __________ al mundo, sino a __________ al mundo".

Tal vez recuerdes nuestro estudio de Juan 5:22 donde Jesús dijo: "Porque ni aun el Padre juzga a nadie, sino que todo juicio se lo ha confiado al Hijo". Puede *parecer* que la Escritura se contradice aquí. *¿Es Jesús el juez o no?* Profundizaremos en esa pregunta y en los roles dentro de la Trinidad en nuestro estudio de Juan 14, pero lo importante a observar aquí es que en Juan 12:47, Jesús en realidad no estaba hablando de si Él es el juez; estaba diciendo que esa no era *la razón por la que vino.*

DÍA 4

JUAN 13:1-20

LEE JUAN 13:1-20

1. **Repasa 13:1-11.**

Había llegado la hora. Juan nos dice que Jesús amó a los suyos hasta el final. Y, por amor, les lavó los pies, una tarea que normalmente recaía en la persona de más bajo rango en el hogar. Incluso teniendo entre ellos a un traidor incitado por el diablo, el Dios del universo tomó la posición de un siervo, por su gran amor.

2. ¿Por qué crees que Juan incluyó 13:3 *antes* de que Jesús comenzara a lavar los pies? ¿Cómo equiparon a Jesús su conocimiento previo y su entendimiento de su identidad como Dios para este papel?

Al principio, Pedro no quería que Jesús le lavara los pies, pero cuando Jesús aclaró la importancia de ese acto, Pedro le dijo a Jesús que lavara todo de él. Esto plantea un elemento interesante de nuestra fe.

3. Completa la respuesta de Jesús a Pedro en 13:10: "*El que se ha bañado . . .*".

a. "... no necesita lavarse, excepto los pies, pero no está completamente limpio".

b. "... no necesita lavarse, excepto los pies".

c. "... no necesita lavarse, pero no está completamente limpio".

d. "... no necesita lavarse, excepto los pies, pues está todo limpio".

4. ¿Qué crees que quiso decir Jesús con esto?

Jesús estaba haciendo una distinción importante entre justificación y santificación.

5. Busca en un diccionario bíblico las palabras *justificación* y *santificación*, y escribe las definiciones con tus propias palabras:

Justificación:

Santificación:

Cuando pertenecemos a Dios, Él nos declara limpios. Esto es la justificación: el término legal que utiliza la Escritura para indicar que somos declarados justos, porque Jesús nos ha limpiado de las consecuencias de nuestros pecados y nos ha otorgado su justicia. Gracias a su obra terminada en la cruz, somos adoptados en la familia de Dios, hechos santos como sus hijos e hijas: una vez y para siempre.

Y, sin embargo, seguimos siendo pecadores. Vivimos en la realidad de nuestro pecado diario. Cada vez que salimos al mundo, el polvo del mundo se adhiere a nosotros; o, en esta analogía, *nuestros pies aún se ensucian*. Por eso necesitamos la obra continua de santificación de Dios para seguir creciendo y purificándonos, conformándonos a la imagen de Cristo. Mientras vivamos en estos cuerpos de carne, somos santos con pies sucios: salvados y perseverando.

6. **Repasa Juan 13:12-20.**

Después de mostrar este ejemplo de servicio, Jesús preguntó si sus discípulos entendieron cuál era el significado. Podemos suponer que probablemente no lo entendieron, porque Jesús explicó que les estaba dando un ejemplo a seguir: convertirse en siervos unos de otros.

Este mensaje puede ser difícil de aceptar. Podríamos estar dispuestos a lavar los pies de Jesús con alegría, pero Él dijo que debíamos lavar los pies de los demás. Y no matizó sus instrucciones; no dijo que laváramos los pies solamente de personas que creemos que lo merecen, o de las personas que no nos molestan. Jesús incluso lavó los pies de Judas, quien lo traicionaría en pocas horas.

Y dijo: "El siervo no es mayor que su señor" al lavar sus pies, pero ese ejemplo palidecería en comparación con el mayor servicio que estaba a punto de ofrecerles a través de su muerte.

7. ¿Puedes pensar en un momento específico en el que dijiste no a un rol o tarea, o te quejaste de ello porque te pareció demasiado insignificante o humilde? En ese caso, describe la situación. Si tuvieras la oportunidad de reescribir esa historia, ¿cómo ajustaría tu enfoque el ejemplo de humildad de Jesús?

8. **Busca el significado de la palabra *felices* (13:17) en un léxico o diccionario bíblico.** Escribe lo que encuentres.

¡La bendición está prometida para aquellos que sirven! Este recordatorio útil puede servir como una invitación gozosa cuando somos tentados a rechazar oportunidades de servicio. Jesús no tenía que servir a Judas, pero le lavó los pies de todos modos. Y, sin embargo, Jesús reiteró que el traidor estaba entre ellos y pronto sería revelado. No lo hizo para "exponer" a Judas, sino para proporcionar otra evidencia de que todo eso era parte del plan que conducía a su triunfo mesiánico.

Las últimas nueve palabras de Juan 13:20 podrían haberte recordado lo que Él dijo en 12:44 en la lectura de ayer.

9. Lee ambos pasajes y completa los espacios en blanco.

En Juan 12:44

¿Quién era el remitente? ____________

¿Quién fue enviado? ____________

En Juan 13:20

¿Quién era el remitente? ____________

¿Quién fue enviado? ____________

Así como María lavó los pies de Jesús para prepararlo para la obra que debía hacer, Jesús lavó los pies de sus discípulos aquí como preparación para la obra que harían después de Él. Y así como Jesús explicó que fue enviado por el Padre, les recordó que pronto sería su turno. Irían con la autoridad de Aquel que lo envió. No vamos solos en nuestra misión de compartir el evangelio y servir a la Iglesia, ¡vamos con la autoridad y la bendición del Padre!

10. Llena los espacios en blanco de Romanos 11:36.

Porque _____ ________, por Él y ________ ________ son ________ _____ ________.

A Él sea la gloria para siempre. Amén.

DÍA 5

JUAN 13:21-38

LEE JUAN 13:21-38

La lectura de hoy comienza justo donde la dejamos ayer: misma ubicación, misma escena. De hecho, el puñado de capítulos que siguen parecen desarrollarse todos ellos en esta misma habitación. Juntos suelen llamarse el Discurso del Aposento Alto (especialmente los capítulos 14–17). Este bloque de enseñanza de Jesús se encuentra únicamente en el Evangelio de Juan, y nos ofrece sus últimas palabras a sus discípulos antes de ser arrestado esa misma noche.

1. **Repasa 13:21-30.**

En Juan hemos visto que Jesús sabía cómo se desarrollaría todo esto; sabía que resucitaría después de morir. Sin embargo, en 13:21 se entristeció cuando reiteró su inminente traición, incluso sabiendo que su muerte terminaría en gozo.

2. ¿Te sorprende esto? ¿Por qué sí o por qué no?

En la cultura de fe moderna, las personas pueden ser rápidas en citar versículos como Romanos 8:28, poniendo una venda sobre el dolor: "Y sabemos que para los que aman a Dios, todas las cosas cooperan para bien, esto es, para los que son llamados conforme a Su propósito". Pero este momento en el aposento alto (y muchos otros en la vida de Jesús) nos recuerda que aunque Él sabía que todo saldría bien al final, eso no evitó que sintiera el dolor del momento. Las Escrituras mencionan regularmente que el corazón de Dios es entristecido.

3. **¿Cómo describe Isaías 53:3 a Jesús?** Marca todas las opciones que correspondan:

a. Despreciado y rechazado
b. Siempre alegre, sin importar las circunstancias
c. Varón de dolores
d. Hombre de pocas palabras
e. Conocedor del sufrimiento
f. Hombre tan fuerte que nada podía moverlo

Dios nos encuentra y nos ministra en nuestra aflicción, y Él llora con nosotros, incluso cuando sabe que el final es bueno.

4. Usando 13:22-29 como guía, completa la siguiente tabla:

¿Quién se reclinó al costado de Jesús en el v. 23?	
¿Quién se movió hacia Él en el v. 24?	
¿Qué preguntó ese discípulo a Jesús en el v. 25?	
¿Quién tomó el pedazo en el v. 26?	
¿Qué le dijo Jesús en el v. 27?	
Según el v. 28, ¿quién sabía por qué se lo dijo?	

Si te sorprende que nadie se diera cuenta de que Judas acababa de ser identificado como el traidor, no estás solo. Este es otro ejemplo pertinente de cómo las influencias culturales, no basadas en la Escritura, pueden interponerse en nuestra comprensión. Tal vez hayas imaginado una mesa como la que aparece en el cuadro de *La Última Cena* de Leonardo da Vinci.

Sin embargo, la tradición incluía un tipo de disposición de asientos llamada *haseiba*, que consistía en recostarse sobre el lado izquierdo mientras se realizaban muchos de los rituales del *Séder* (comida ritual judía que se celebra en la primera noche de Pésaj); por lo tanto, la configuración de la mesa probablemente se parecía más a la imagen que aparece a continuación. No sabemos exactamente dónde estaba sentado cada discípulo, pero sí sabemos dónde estaban ubicados algunos.

5. En la imagen siguiente, etiqueta a las personas cuyas ubicaciones alrededor de la mesa se mencionan en la Escritura.

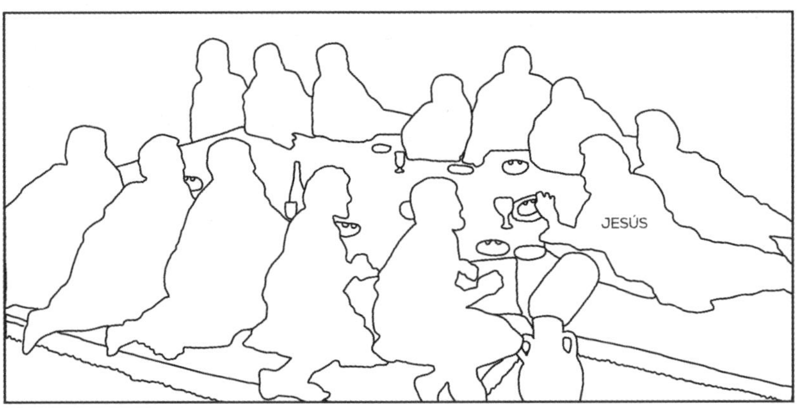

6. **Compara 13:2 con 13:27.** ¿En qué son diferentes estos dos detalles acerca de Judas?

Jesús demostró su plena humanidad *y* su plena deidad en sus palabras a Judas en Juan 13:27. Parecía entender completamente lo que estaba sucediendo en el ámbito espiritual, pero le dijo a Judas que no perdiera tiempo. Jesús no quería prolongar la anticipación o el dolor. Como muchos de nosotros, parece que quería superar la parte difícil lo antes posible. Judas ocupó plenamente su papel de traidor, y Jesús lo observó salir de la habitación para llevarlo a cabo. Entonces, Jesús tuvo la compostura para seguir predicando. Les dio un "nuevo" mandamiento.

7. **Repasa Juan 13:31-35. Consulta el uso de *nuevo* en el versículo 13:34 en un comentario bíblico.** Escribe lo que encuentres.

Jesús sabía que estaban a punto de pasar el resto de sus vidas enfrentando persecuciones y amenazas de muerte como nunca antes habían visto. Estaban a punto de vivir tres días de un dolor inmenso. Las personas con pérdidas compartidas pueden llorar juntas, pero a veces también son tentadas a culparse unas a otras en su dolor.

8. ¿Has atravesado una temporada de duelo en la que viste ocurrir eso? Si es así, descríbelo.

Jesús les dijo: "Así es como la gente sabrá que ustedes son Mis discípulos: si se aman los unos a los otros". Eso es lo más difícil, ¿no es cierto? Y todavía lo es para nosotros como discípulos hoy en día. Y Satanás lo sabe. ¿Puedes imaginar algo más dañino para el mensaje de Cristo que los discípulos separándose y peleando entre sí?

9. La falta de amor nos hace menos efectivos en muchas áreas. Menciona cuatro maneras señaladas en 1 Corintios 13:1-3.

a.

b.

c.

d.

10. **Repasa Juan 13:36-38.**

Imagina las emociones en el momento final del pasaje de hoy. Después de que Jesús vio a Judas irse para traicionarlo, le dijo a Pedro que antes del amanecer él también lo negaría. Incluso Pedro. Pero no pierdas de vista esa angustia. A medida que sigamos la historia de Pedro, llegaremos a ver que cuando caminamos con Jesús, nuestros mayores fracasos pueden convertirse en nuestros más grandes llamados.

No todo está perdido cuando fallamos. Al igual que Judas, Pedro fue un traidor, pero lo veremos arrepentirse. Hay esperanza para todos nosotros, pecadores con pies sucios, porque Jesús está donde está la santificación, ¡y Él está donde está el gozo!

11.¿Qué fue lo que más te impactó en el estudio de esta semana? ¿Por qué?

12. ¿Qué aprendiste o recordaste sobre Dios y su carácter esta semana?

DÍA 6

SALMO CORRESPONDIENTE Y ORACIÓN

LEE SALMOS 113

1. ¿Qué correlación ves entre Salmos 113 y el estudio de esta semana sobre Jesús como Dios?

2. ¿Qué porciones de este salmo captan más tu atención?

3. Termina haciendo esta oración en voz alta:

Padre,

El salmista preguntó: ¿Quién como tú? Y nosotros respondemos con él: ¡Nadie! Tu gloria se extiende más allá de los cielos, y aun así miras a los necesitados y nos levantas. Nos haces parte de tu familia, de tu familia real. Desde el amanecer hasta el atardecer, y durante toda la noche, quiero unirme al coro de pecadores y santos en todo el mundo, cantando: "¡Bendito sea el nombre del Señor!".

Me regocijo en que me haces un santo. Y reconozco que hasta que regreses otra vez, sigo siendo un pecador. Como Judas, he sido egoísta con mis posesiones cuando ni siquiera eran mías desde un principio. Como las autoridades temerosas de los fariseos, he buscado la alabanza barata de los hombres en lugar de la gloria eterna de Dios. Como Pedro, he visto señales y maravillas, pero mi fe ha sido inestable, y he intentado pronunciar "palabras mágicas" que garanticen mi salvación en lugar de crecer en una fe constante y humilde.

Señor, creo. Ayuda mi incredulidad. Enséñame a convertirme en tu siervo. Enséñame a lavar pies. Enséñame a amar como tú amas.

De ti, por ti y para ti son todas las cosas. Pongo mi confianza en Aquel que lo sostiene todo.

Te rindo mi vida, Señor; en cada momento de mi día y cada decisión que tomo, cedo mi voluntad y mi camino a tu perfecta voluntad y camino.

Yo también te amo. Amén.

DÍA 7

DESCANSA, PONTE AL DÍA O PROFUNDIZA

RETO SEMANAL

El día 4 leímos sobre cómo Jesús mostró el corazón de siervo de Dios lavando los pies de los discípulos. Esta semana, sigue el ejemplo de Jesús planeando un acto de servicio para alguien. Tal vez sea cocinar la cena, o quizás satisfacer una necesidad específica que los haga sentirse vistos y conocidos. Dedica tiempo a prepararlo y planearlo con anticipación, orando por ellos mientras lo haces.

SEMANA 7

Juan 14-15:

La naturaleza trina de Dios

VERSÍCULO PARA MEMORIZAR

Si permanecen en Mí, y Mis palabras permanecen en ustedes, pidan lo que quieran y les será hecho.
Juan 15:7

LECTURA BÍBLICA DIARIA

Día 1: Juan 14:1-14

Día 2: Juan 14:15-24

Día 3: Juan 14:25-31

Día 4: Juan 15:1-17

Día 5: Juan 15:18-27

Día 6: Salmos 91

Día 7: Para ponerte al día

Corresponde al día 315 de *La sinopsis de la Biblia*

RETO SEMANAL

Ver la página 178 para más información.

DÍA 1

JUAN 14:1-14

LEE JUAN 14:1-14

1. **Repasa 14:1-4**

"No se turbe" parece un imperativo difícil a la luz de lo que Jesús les dijo a los discípulos en el capítulo 13; pero Él les dio algo mejor a lo que aferrarse: la fe. Su fe no estaba en un dios impersonal, sino en aquel con quien habían compartido su vida por tres años. Estos hombres tuvieron un asiento en la primera fila y una relación profunda con su Dios, quien estaba envuelto en carne humana y viviendo con ellos.

Antes de emprender su camino hacia la cruz, pasó tiempo revelando verdades que los discípulos no comprenderían completamente hasta después de su resurrección. Comenzó diciéndoles lo que los esperaría cuando finalmente llegaran a donde Él iba.

2. **Repasa Juan 13:33 y 13:36.** ¿Por qué crees que los discípulos estaban confundidos por las palabras de Jesús en 14:3-4?

3. **Repasa Juan 14:5-7.**

A Tomás le hemos dado la reputación de ser un incrédulo (algo que Jesús nunca dijo de él), pero tal vez simplemente se sentía lo suficientemente seguro como para expresarse cuando no entendía algo. En adelante, intentemos pensar en él como Tomás el Sincero. Probablemente los doce discípulos estaban confundidos con las palabras de Jesús, pero Tomás fue el primero en decirlo. Si Tomás el Sincero no hubiera preguntado, no tendríamos la verdad significativa de Juan 14:6 y la sexta declaración metafórica de *Yo soy* de Jesús.

4. **Consulta Juan 14:6 en un comentario bíblico.** ¿Qué aspectos de este versículo te parecen más profundos?

En lugar de reprender a Tomás por su falta de comprensión, Jesús reiteró que, aunque los discípulos habían estado con Él, todavía no entendían por completo. Quería que supieran que Él y el Padre eran uno, y que conocer a Jesús era conocer y ver al Padre.

5. **Repasa Juan 14:7b-11.** ¿Por qué crees que Felipe no entendía lo que pedía?

Después de que Jesús rechazó la petición de Felipe, les dijo nuevamente que creyeran en lo que les estaba diciendo. Incluso admitió que si necesitaban algo más que sus palabras, al menos deberían tomar en cuenta sus milagros. Tendemos a pensar que si nuestro deseo es "bueno", Dios debería darnos lo que queremos, como lo queremos y cuando lo queremos; sin embargo, Dios lo sabe todo, ¡incluyendo lo que realmente necesitamos! Podemos confiar en que su "no" es la respuesta más bondadosa posible.

6. ¿Alguna vez Dios se ha revelado a ti o ha respondido una oración de una manera que no esperabas o pedías? ¿El resultado fue mejor o peor de lo que esperabas? Describe brevemente.

7. **Repasa Juan 14:12-14.**

Jesús quería que los discípulos supieran que cuando Él se fuera, la obra estaría lejos de terminar. Sabía que estarían desanimados y listos para rendirse, pero continuarían con poder, ¡y su número crecería a medida que se estableciera la Iglesia! Las "obras mayores" a las que Jesús se refirió en 14:12 tienen que ver con *cantidad,* no con *calidad.* Jesús pasó tres años haciendo ministerio terrenal, pero los millones (o más) en la Iglesia continuarían ministrando al mundo durante miles de años.

8. ¿Cómo podrían malinterpretarse los vv. 14:13-14 fuera de su contexto?

Será útil recordar que Juan 13–17 incluye una conversación larga: el Discurso del Aposento Alto. La lectura de cada día dividirá las palabras de Jesús en esta escena en piezas más pequeñas. Por lo tanto, si la lectura de hoy parece terminar en un suspenso, ¡prepárate! Mañana, Jesús dará a los discípulos un curso intensivo sobre el Espíritu Santo.

DÍA 2

JUAN 14:15-24

LEE JUAN 14:15-24

1. **Repasa 14:15-17.**

Cada vez que la Escritura se repite, y tal vez especialmente cuando Jesús se repite, debe captar nuestra atención. En los diez versículos de hoy, Jesús dijo tres veces que si sus discípulos lo amaban, guardarían sus mandamientos.

2. **Haz una búsqueda en internet de los mandamientos de Jesús en los Evangelios.** Escribe al menos cinco de ellos junto con sus referencias de capítulo y versículo. En esta lista, encierra en un círculo el que sea más difícil para ti obedecer.

Observa en Juan 14:15 lo que Jesús dijo que era la motivación para guardar sus mandamientos. No era una obligación moral, miedo, orgullo o buscar favor o bendición; era el amor hacia Él. A menudo es más fácil sentirse motivado por nuestras aplicaciones prácticas, nuestra lista de tareas, o el elogio de los demás. De hecho, es una de las luchas persistentes que los cristianos han experimentado desde el origen de la Iglesia.

3. **Busca Apocalipsis 2:2-5a y llena la tabla a continuación.**
Luego anota cómo el amor por Jesús podría ayudarte a practicar el mandamiento que encerraste en un círculo arriba.

La iglesia en Éfeso:

¿Qué hizo bien?	
¿Qué hizo mal?	
¿Qué necesitaba hacer en respuesta?	

Algunos de nosotros hemos caminado con Cristo por tanto tiempo que, aunque continuamos trabajando en el nombre de Jesús, hemos perdido de vista nuestro amor por Él. Nos hemos acostumbrado a una rutina espiritual, en lugar de obedecer como respuesta a su amor. Nos preguntamos por qué es difícil hablar de Jesús con otros, pero la verdad es que hablamos de las cosas que amamos. Si Él no forma parte de tus conversaciones habituales, tal vez valdría la pena hacer inventario, no por vergüenza sino con la esperanza de experimentar *más* gozo del que tienes actualmente. Si ese es tu caso, toma el consejo dado a los discípulos en el aposento alto y a la iglesia en Éfeso: recuerda por qué amas a Jesús, arrepiéntete de cualquier cosa que te esté alejando de Él, y regresa a lo básico.

Que te digan que creas una y otra vez y después te digan que obedezcas por amor parece un mandamiento más grande de lo que los humanos caídos y quebrados pueden cumplir por sí mismos. *Y lo es*. Pero la buena noticia es que los discípulos no tenían que alcanzar la fe o la obediencia por su cuenta. ¡Jesús dijo que pediría al Padre que les diera otro Ayudador para estar con ellos para siempre!

4. Usa herramientas de estudio bíblico para poner en un círculo las respuestas correctas de 14:16.

Verdadero o Falso: *Otro* significa algo completamente diferente.

La palabra *Ayudador* en griego (*paraklētos*) significa: (encierra todas las que apliquen)

- Consejero
- Abogado
- Herramienta para moldear arcilla
- Mediador
- Intercesor
- Ave nativa de Egipto

Hasta este punto, Jesús les había dicho a los discípulos que habían visto al Padre porque habían estado con Él. Aquí les dio una indicación sobre el tercer miembro de la Trinidad: el Espíritu de verdad. Y —¡buenas noticias!— ya lo conocían personalmente porque habían estado con Jesús y Él estaba unido a Jesús.

5. **Repasa Juan 14:18-24.**

Jesús se iba, pero no dejaría a sus discípulos solos; vendría a ellos. Cumpliría esta promesa de tres maneras únicas: su resurrección (Juan 20), la llegada de su Espíritu (Hechos 2:1-4), y su regreso futuro en los últimos días (Apocalipsis 22:12). Jesús los dejaría físicamente por ahora, ¡pero eso sería algo bueno! Prepararía el escenario para su resurrección, que haría posible la vida eterna para sus discípulos y para todos los que creerían en Él.

6. ¿Qué seguridad dio Jesús en Juan 14:20? ¿Cómo ayudaría eso a los discípulos a cumplir las instrucciones de Juan 14:21a?

La obediencia motivada por el amor a Dios va mucho más allá de un amor humano unilateral.

7. En Juan 14:21b, Jesús aseguró a sus discípulos que aquellos que lo aman serían amados por el Padre y por Él, y que Él se __________ a ellos (a través del Espíritu Santo).

¿Cómo llenan ese espacio las siguientes traducciones?

NTV:

NVI:

RVR-60:

En 14:22 Juan hace una declaración aclaratoria sobre un discípulo llamado Judas. Muchos de los discípulos tenían más de un nombre (por ejemplo, Simón/Pedro, Mateo/Leví). Debido a que Juan escribió su Evangelio varias décadas después de la muerte de Jesús, era importante para él que los lectores no confundieran al Judas sincero con Judas Iscariote. Aunque existen algunas teorías sobre qué discípulo también tenía el sobrenombre de Judas, parece que se trata del mismo hombre referido como Tadeo (en los Evangelios de Marcos y Mateo).

La pregunta que hizo Judas/Tadeo fue válida. ¿Cómo iba Jesús a manifestarse claramente a ellos si se iba? Si somos sinceros, también podemos sentirnos confundidos con el concepto de la Trinidad. Es algo a la vez simple y profundamente complejo, como Dios mismo.

8. **Repasa Juan 14:23-24 y lee 1 Juan 4:7-10.** ¿Cómo te ayudan estos versículos a comprender mejor de qué manera actúa el Dios Trino dentro de sí mismo y dentro de nosotros? Usa herramientas de estudio bíblico si necesitas ayuda.

Cada persona del Dios Trino desempeña un papel único en nuestra salvación, pero están unidos en su carácter, voluntad y plan. Aunque nunca comprenderemos plenamente la Trinidad a este lado de la eternidad, podemos entenderla *más*. ¡Y ese conocimiento creciente es lo que impulsará nuestro amor y obediencia!

DÍA 3

JUAN 14:25-31

LEE JUAN 14:25-31

1. **Repasa 14:25-27.**

Ponte en las sandalias de los discípulos y piensa cuán desafiante debió haber sido seguir a Jesús mientras Él explicaba lo que estaba por suceder:

- Hizo afirmaciones audaces sobre su unidad con el Padre.
- *Continuaba* diciendo que se iría.
- Dijo que tú (¿de alguna manera?) sabías adónde iba a ir.
- Dijo que no podrías ir con Él.
- Dijo que no te asustaras porque Él regresaría.
- Dijo que enviaría a Alguien para ayudarte hasta que Él regresara.

A pesar de la evidente confusión de ellos, Jesús siguió explicando cómo serían las cosas cuando Él se fuera. Sabía que los discípulos no serían capaces de entender sin la ayuda del Espíritu Santo. No tenían idea de cuándo llegaría este "Ayudador".

2. Rodea con un círculo cada miembro de la Trinidad cada vez que aparezcan (sustantivos, pronombres y descripciones) en Juan 14:26:

> "Pero el Consolador, el Espíritu Santo, a quien el Padre enviará en Mi nombre, Él les enseñará todas las cosas, y les recordará todo lo que les he dicho".

3. Escribe los nombres de las personas de la Trinidad en la imagen:

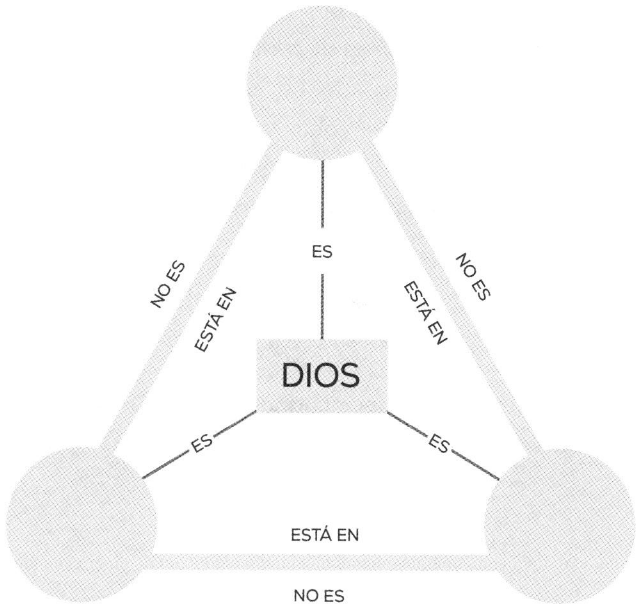

4. ¿Qué persona de la Trinidad es responsable de los roles enumerados a continuación?

Habla físicamente a los discípulos (14:25)

Envía el Espíritu Santo (14:26)

Pide que sea enviado el Espíritu Santo (14:26)

Da su paz a los discípulos (14:27)

Enseña a los discípulos todas las cosas (14:26)

Recuerda a los discípulos las enseñanzas de Jesús (14:26)

Se iría (14:28)

Obedece los mandamientos del Padre (14:31)

La Trinidad tiene una voluntad compartida, y cada persona de la Trinidad tiene roles únicos en el cumplimiento de esa voluntad en lo que respecta a nuestra salvación y restauración. Uno de los propósitos que Jesús cumplió en la tierra fue ser la evidencia *física* de cómo es el Padre (Colosenses 1:15). Y el Espíritu Santo, que vendría a morar en los creyentes después de que Jesús ascendiera al cielo, serviría como la evidencia *espiritual*: permaneciendo continuamente en todos los seguidores de Jesús. Las tres personas de Dios son idénticas en carácter e iguales en esencia y divinidad.

Jesús sabía que los discípulos necesitarían al Espíritu Santo para enseñarles y recordarles lo que Él había dicho. Y, a la luz de lo que les esperaba, Él sabía que también necesitarían su cercanía y consuelo.

5. ¿Qué crees que Jesús quiso decir cuando contrastó su paz con la paz del mundo en Juan 14:27?

6. **Repasa Juan 14:28-31.**

Cuando Jesús dijo que el Padre es mayor, reforzó la diferencia en los roles. Jesús vivió en sumisión voluntaria al Padre, no porque no fueran iguales en *divinidad*, sino porque tenían roles diferentes en su plan para nuestra salvación. Él quería que los discípulos encontraran consuelo y regocijo en la unidad y diversidad de la Trinidad y la realidad que esto hacía posible para ellos. ¡Esta información estaba destinada a fortalecer su fe!

Los últimos dos versículos de Juan 14 casi parecen ser información de paso, pero están llenos de teología.

7. **Llena la tabla usando 14:3-31. Usa una herramienta de estudio bíblico si necesitas ayuda.**

¿Quién es el "príncipe de este mundo"?	
¿A quién obedece Jesús?	
¿Cuál es el resultado de la obediencia de Jesús?	

"Levántense, vámonos de aquí" parece una transición extraña en medio de una conversación larga. ¿Por qué Jesús diría eso? Podría ser que el resto de su enseñanza se produjo mientras se preparaban para irse, pero todavía en la casa (algo similar a una despedida típica del Medio Oeste). O es posible que Jesús continuara enseñando mientras caminaban hacia el jardín de Getsemaní. La Escritura no es clara sobre cuál de las dos opciones es, así que usa tu imaginación santificada[4] en los próximos días mientras seguimos estudiando el Discurso del Aposento Alto.

4. A.W. Tozer llamaba a la imaginación santificada "el don sagrado de ver, la habilidad de mirar más allá del velo y observar con maravilla asombrada las bellezas y los misterios de cosas santas y eternas". Ver *The Best of A.W. Tozer, Book One*, comp. Warren Wiersbe (Camp Hill, PA: Wing Spread Publishers, 2000), p. 51.

DÍA 4

JUAN 15:1-17

LEE JUAN 15:1-17

1. **Repasa 15:1-5.**

Jesús a menudo utilizaba las imágenes que había a su alrededor en sus historias; por lo tanto, es posible que, mientras hacía esta séptima y última declaración metafórica de *Yo soy* ("Yo soy la vid verdadera") estuvieran cerca de vides fructíferas. Las vides eran una escena destacada en el Israel del primer siglo, y los discípulos habrían comprendido fácilmente el simbolismo espiritual. En el Antiguo Testamento, la vid típicamente simbolizaba a la nación de Israel, pero Jesús se llamó a sí mismo la vid *verdadera*. Ya no debían estar arraigados en la ley o en su nacionalidad, sino solo en Cristo.

2. **Busca Juan 15:2 en un comentario bíblico para ayudarte a responder las preguntas siguientes.**

¿Qué quiso decir Jesús con "quita"?

¿Qué quiso decir con "poda"?

¿Por qué una persona que no da fruto espiritual necesita ser "quitada"?

¿Por qué alguien que da fruto necesita ser "podado"?

En nuestra visión limitada, la poda puede parecer injusta para aquellos que están dando fruto; sin embargo, por doloroso que sea sangrar, es mucho peor marchitarse apartado de la vid.

Los discípulos ya habían comenzado su proceso de limpieza o poda. Jesús se refirió a esto cuando les lavó los pies en Juan 13:10 y conectó sus palabras con su limpieza. También les había prometido una relación continua con Dios, y Juan 15:4a aclara que se trata de una permanencia mutua: una relación de doble vía. Y esta permanencia implica una relación continua; en griego, la palabra también significa "permanecer, habitar, continuar, esperar, no apartarse".[5]

5. Ver "G3306 - menō - Strong's Greek Lexicon (kjv)," Blue Letter Bible, consultado en línea 5 de julio de 2024, https://www.blueletterbible.org/lexicon/g3306/kjv/tr/0-1.

3. Etiqueta la imagen siguiente con lo siguiente: vid, rama, fruto.

4. Traza líneas para unir las analogías espirituales.

Vid	Seguidores de Cristo
Rama	Obras del Espíritu
Fruto	Jesús

Mira la imagen de arriba e imagina la rama siendo desconectada de la vid. Esa rama ya no podría sostenerse ni dar fruto. Los nutrientes necesarios para producir fruto no provienen de la rama, sino de la vid. ¡Las cosas buenas y necesarias que llegan a nosotros nos llegan *a través de Él*!

Cuando una rama permanece constantemente, lleva mucho fruto (Juan 15:5). Esto no es solo por el fruto en la rama misma, sino por lo que ese fruto contiene: semillas. El fruto contiene los componentes vitales para dar *más* fruto. La implicación para la multiplicación efectiva y la evangelización no puede pasarse por alto en esta ilustración.

5. **Repasa Juan 15:6-11.**

Aunque Juan 15:6 es aleccionador y desafiante, no dejes que te provoque miedo. Jesús no estaba desarrollando un sistema teológico completo; más bien, estaba estableciendo un punto importante: los verdaderos discípulos *permanecen* en Él.[6]

6. Veamos cómo Jesús trató las ramas en Juan 15:2-8.

¿Cómo son tratadas las ramas que no dan fruto? (15:2)	
¿Cómo son tratadas las ramas que no permanecen en la vid? (15:6)	
¿Cuál es la diferencia? ¿A qué crees que se debe?	
Además de dar fruto, ¿qué sucedería si los discípulos permanecían? (15:7-8)	

En 15:9-11 Jesús repitió varios temas que había enseñado previamente. Aquí les mostró cómo los temas se construyen unos sobre otros. El verdadero discipulado está unido a permanecer, el amor y la obediencia. La plenitud del gozo de Cristo se promete a quienes comprenden y practican estos temas.

7. ¿Cómo pueden conducir al gozo permanecer, el amor y la obediencia?

8. **Repasa 15:12-17.**

La conversación de Jesús cambia de la conexión vertical entre un discípulo y el Dios trino a las conexiones horizontales entre los discípulos. Este cambio no ocurre en un vacío; las relaciones verticales y horizontales están intrínsecamente entrelazadas como un desbordamiento del gozo que surge al ser seguidor de Jesús. De hecho, en este pasaje Jesús describió su propio

6. David Guzik, "Study Guide for John 15 by David Guzik". Blue Letter Bible, modificado por última vez en junio de 2022, https://www.blueletterbible.org/comm/guzik_david/study-guide/john/john-15.cfm.

amor por los discípulos como un modelo de cómo ellos debieran amarse unos a otros.

9. Enumera todas las maneras en que Jesús amó a los discípulos en Juan 15:13-16.

10. Según lo que Jesús dijo en Juan 15:12 y 15:17, ¿qué quiere que hagamos?

a. Amar activamente a otros seguidores de Cristo.
b. Amar activamente solo a las personas que adoran como nosotros.
c. Amar activamente solo a las personas que están de acuerdo con nuestra visión de la creación/los últimos tiempos.
d. Amar activamente solo a las personas que votan como nosotros.
e. Amar activamente solo a las personas que están en o por encima de nuestro nivel socioeconómico.

DÍA 5

JUAN 15:18-27

LEE JUAN 15:18-27

1. **Repasa15:18-25**

El estudio de ayer terminó con Jesús hablando sobre la importancia de amar a otros creyentes; pero hoy lo vemos pasar al tema del odio. Los discípulos fueron llamados a una vida radical de amor, obediencia y fe, y la gente los odiaría por ello. Aunque el tema era el odio, su tono parecía ser de ánimo. Les prometió que ningún discípulo recorrería un camino que Él no hubiera transitado primero. El mundo los aborrecería a ellos y a la luz que revelaban, así como le aborrecen a Él, la Luz en sí misma.

2. Llena los espacios en blanco de Juan 3:19-20.

> "Y los hombres amaron más las tinieblas que la Luz, pues ______ __________ ________ __________.
>
> "Porque todo el que hace lo malo ________ ____ ________, y no viene a la Luz ______ ______ ______ __________ ______ ______ __________.

El odio del mundo, aunque pesado y desafiante, también podría servir de ánimo, ya que significaba que estaban caminando alineados con la voluntad del Padre, ¡no en la oscuridad!

3. Cuando Jesús se refirió al "mundo" en Juan 15:19, ¿de quién estaba hablando?

- De aquellos que no lo conocían a Él ni lo amaban.
- Del planeta mismo.
- De los que tienen pecados evidentes (borrachos, glotones, inmorales sexuales).

Jesús vino en carne e hizo lo que solo Dios podía hacer, demostrando su deidad frente a muchos testigos, desde los pecadores más manifiestos hasta la élite religiosa; sin embargo, incluso al presenciar su deidad en acción, muchos todavía no creyeron; por lo tanto, no había excusa para su incredulidad. Y no solo no creyeron en Jesús, sino que lo *odiaron*. Y, en un giro irónico, aquellos que afirmaban ser expertos en las Escrituras cumplieron accidentalmente una profecía sobre Jesús a través de su odio hacia Él (Juan 15:25).

4. **Repasa Juan 15:26-27.**

Todas las palabras de Jesús sobre el odio del mundo podrían haber dejado a sus discípulos desanimados si no fuera por su promesa en estos versículos.

5. Traza líneas y flechas en el diagrama siguiente indicando las siguientes dinámicas en Juan 15:26-27 (no hay problema si se ve desordenado):

- El Hijo envía al Espíritu Santo a los discípulos.
- El Espíritu Santo procede del Padre.
- El Espíritu Santo da testimonio sobre el Hijo (a los discípulos).
- El Espíritu Santo dará testimonio sobre el Hijo (a través de los discípulos).

6. ¿Qué has aprendido o recordado sobre la Trinidad esta semana que te anima a ser valiente con el mensaje de Cristo?

Jesús vivió con sus discípulos desde el inicio de su ministerio público; ellos fueron testigos de todo. Escucharon sus enseñanzas, vieron sus milagros, fueron enviados con poder, y conocieron mejor que nadie el carácter del Hombre al que llamaban Rabí. Su cercanía a Jesús no fue un accidente; al igual que su muerte, fue parte del plan desde el principio. Los discípulos serían de los primeros en proclamar el mensaje de salvación a todas las naciones, pero estos hombres no lo harían solos; caminarían en la plenitud del gozo de Cristo, provisto por la presencia de su Espíritu; e incluso en la persecución y el odio, podían regocijarse, ¡porque en Él está el gozo!

7. ¿Qué fue lo que más te impactó en el estudio de esta semana? ¿Por qué?

8. ¿Qué aprendiste o recordaste sobre Dios y su carácter esta semana?

DÍA 6

SALMO CORRESPONDIENTE Y ORACIÓN

LEE SALMOS 91

1. ¿Qué correlación ves entre Salmos 91 y el estudio de esta semana sobre Jesús como Dios?

2. ¿Qué porciones de este salmo captan más tu atención?

3. Termina haciendo esta oración en voz alta:

Padre,

Tú me respondes cuando te llamo. Me rescatas cuando estoy en problemas. Te acercas y me das tu salvación. Eres mi escudo, mi fortaleza y mi refugio. Ya has ganado la batalla final, y me regocijo en tu victoria.

Tu Hijo dijo que no nos turbemos. Sin embargo, incluso al leer su enseñanza no siempre la sigo. Es fácil para mí quedar atrapado en el torbellino de mis propios miedos en lugar de mantenerme firme con un temor justo hacia ti. He perdido de vista mi amor por ti, enfocándome en seguir reglas mientras ignoro el estado de mi propio corazón.

Dame tu paz; no el tipo barato y pasajero de paz que ofrece el mundo, sino tu paz verdadera y eterna. Ayúdame a amar mejor, no con un amor falso sino con tu amor que se sacrifica y permanece. Enséñame cómo orar y mantenerme fiel. Ayúdame a reconocer la guía del Espíritu Santo.

Que pueda permanecer en tu refugio para siempre. Pase lo que pase, poda o persecución, sé que tú no fallarás. Te rindo mi vida, Señor; en cada momento de mi día y cada decisión que tomo, cedo mi voluntad y mi camino a tu perfecta voluntad y camino.

Yo también te amo. Amén.

DÍA 7

DESCANSA, PONTE AL DÍA O PROFUNDIZA

RETO SEMANAL

A veces, la idea de amar a Dios puede sentirse abstracta. Esta semana, lee un resumen de *Sacred Pathways: Nine Ways to Connect with God* [Caminos sagrados: Nueve caminos de conectar con Dios] de Gary Thomas y elige uno de los caminos con los que te conectas con Dios más fácilmente. Esto no es un ejercicio para desafiarte, así que no elijas uno que te resulte difícil; ¡elige aquel con el que te identifiques de modo más natural! Escribe algunas ideas sobre cómo puedes practicar ese "camino" esta semana, ¡entonces elige uno y hazlo!

VERSÍCULO PARA MEMORIZAR

En esto es glorificado Mi Padre, en que den mucho fruto, y así prueben que son Mis discípulos. Como el Padre me ha amado, así también Yo los he amado; permanezcan en Mi amor.

Juan 15:8-9

SEMANA 8

Juan 16-17:

El ánimo de Dios

LECTURA BÍBLICA DIARIA

Día 1: Juan 16:1-15

Día 2: Juan 16:16-24

Día 3: Juan 16:25-33

Día 4: Juan 17:1-19

Día 5: Juan 17:20-26

Día 6: Salmos 98

Día 7: Para ponerte al día

Corresponde al día 315 de *La sinopsis de la Biblia*

RETO SEMANAL

Ver la página 200 para más información.

DÍA 1

JUAN 16:1-15

LEE JUAN 16:1-15

En este capítulo seguimos estudiando el largo monólogo de Jesús conocido como el Discurso del Aposento Alto. Él conocía las dificultades que esperaban a sus discípulos, y también conocía las cosas maravillosas y poderosas que ellos lograrían para glorificar al Padre, por medio de Él, por el Espíritu. Quería prepararlos para ambas cosas.

1. **Repasa 16:1-4a.**

2. **Usa un diccionario de griego para buscar la definición de Strong del término *tener tropiezo* (16:1).** Elige la definición correcta para este pasaje en particular.

   a. Causar que alguien desconfíe o abandone a alguien en quien debería confiar u obedecer.

   b. Seducir a otro a pecar.

   c. Estar molesto.

Mientras los discípulos escuchaban, Jesús advirtió: "Podrían perder favor en áreas donde antes lo tenían, serán expulsado de las reuniones de adoración locales y sus propias vidas serán amenazadas o arrebatadas por aquellos que creen que son embajadores de Dios. Cuando todo esto suceda, recuerden esta conversación y no se aparten de lo que es verdadero".

3. **Para ver cómo se cumplieron las palabras de Jesús, lee Hechos 12:1-5 y escribe el resultado para los dos discípulos mencionados.**

Jacobo:

Pedro:

4. **Repasa 16:4b-15.**

Aunque los discípulos estaban tristes al escuchar que su Líder se iba, Jesús los consoló recordándoles las buenas noticias: en su ausencia, no estarían solos.

5. Llena los espacios en blanco de Juan 16:7 a continuación:

"Les conviene que yo ____ __________, porque si no ____ __________, el ____________ no vendrá a ustedes".

El Ayudador o Consolador, el Espíritu Santo, no estaba esperando en el banquillo celestial su turno para entrar al juego. El Espíritu Santo (la tercera persona de la Trinidad) siempre ha existido en unidad con el Padre y el Hijo, y ha estado activo en la creación desde el principio. Hasta este punto, el Espíritu había sido enviado a habitar *con* las personas para un propósito específico, pero Jesús conocía el cuadro general: el Espíritu vendría sobre ellos con poder, para habitar *en* ellos, equipándolos para *toda* buena obra. Echemos un vistazo breve a lo que el Espíritu ha estado haciendo hasta ahora.

6. Une el versículo con la obra del Espíritu.

Génesis 1:2	Presente en todo lugar en la creación
Salmos 139:7-8	Inspiró a los creyentes a andar en santidad
Salmos 143:10	Se movía sobre la creación
Jueces 6:34	Habló a David y le dio palabras para hablar
2 Samuel 23:2	Revistió de poder a Gedeón

La Escritura nos ayuda a ver fácilmente que el Espíritu siempre ha tenido un propósito específico en el mundo, pero su papel se ampliaría después de que Cristo regresara al cielo y el Padre enviara al Espíritu para llenar a su pueblo (Hechos 2). Y, según Juan 16:8-10, parece que Él actuaría de maneras diferentes, dependiendo de su relación con diversas personas.

7. ¿Cuáles son las tres cosas en que el Espíritu se enfoca y señala, según Juan 16:8?

8. Teniendo en cuenta Juan 16:9-10, rodea con un círculo a las personas mencionadas que se relacionan con cada enfoque:

- de pecado, porque no creen en mí;
- de justicia, porque voy al Padre y no me verán más;
- y de juicio, porque el príncipe de este mundo ha sido ya juzgado.

Él convencería al mundo perdido ("ellos") de pecado, ayudándolos a creer en Jesús. Convencería a los creyentes ("ustedes") de justicia, y convencería al "príncipe de este mundo" de juicio. Todas las áreas de su convicción sirven para ampliar su mensaje a un mundo oscuro, invitándolos a arrepentirse y escapar de la condenación que viene con el pecado y el juicio.

La convicción del Espíritu para los creyentes no se trata solo de nuestro pecado, ¡sino también de nuestra justicia! Él nos recuerda quiénes somos verdaderamente en Cristo (2 Corintios 5:21). El Espíritu guiará a los discípulos, y a los futuros creyentes, a toda verdad mientras habla en acuerdo con el Padre y el Hijo, afirmando su justicia, la cual les fue otorgada por la obra consumada de Jesús.

9. Si eres seguidor de Cristo, su Espíritu habita en ti (Romanos 8:9) y actúa para convencerte de tu justicia (Juan 16:10). Describe un momento en el que el Espíritu te recordó tu identidad, alejándote del pecado y guiándote hacia tu verdadera identidad como hijo de Dios que camina en justicia.

En su obra, el Espíritu siempre señala a los otros miembros de la Trinidad (Juan 15:26). Al igual que Jesús, Él no aparece con milagros simplemente para hacerse un nombre; los miembros de la Trinidad siempre se señalan *mutuamente*. El Espíritu toma todo lo que Jesús es y todo lo que el Padre tiene y lo revela a quienes le pertenecen. Con los ojos nuevos que nos concede el Espíritu, podemos ver esta nueva realidad y caminar en la verdad, ¡para la gloria de Dios!

DÍA 2

JUAN 16:16-24

LEE JUAN 16:16-24

1. **Repasa Juan 16:16-19.**

¿Alguna vez te has encontrado escuchando una conferencia o un sermón que estaba muy por encima de tu comprensión? Los discípulos podrían haber sentido lo mismo mientras Jesús continuaba su discurso. En el segmento de hoy del discurso del Aposento Alto, Jesús les dijo: "Estaré ausente por un tiempo y no me verán, y luego me iré nuevamente y entonces me verán". Imagina a los discípulos rascándose la cabeza confundidos mientras intentaban descifrar lo que Él quería decir.

2. **Usa una herramienta de estudio bíblico para explicar las palabras de Jesús en Juan 16:16.** ¿Cuáles eran esos dos "un poco" a los que se estaba refiriendo Jesús?

Jesús sabía que el Calvario estaba a la vuelta de la esquina, y sabía que sus discípulos necesitaban más claridad que solo podría venir al vivir la experiencia. También sabía que sus corazones y mentes requerían algo más que información directa para soportar todo lo que sucedería en los días siguientes. Mientras los discípulos trataban de resolver su confusión entre ellos, Jesús intervino con más enseñanzas.

3. **Repasa Juan 16:20-22 a continuación.** Subraya cualquier palabra relacionada con tristeza. Encierra en un círculo las palabras relacionadas con alegría.

> *En verdad les digo, que llorarán y se lamentarán, pero el mundo se alegrará; ustedes estarán tristes, pero su tristeza se convertirá en alegría. Cuando la mujer está para dar a luz, tiene aflicción, porque ha llegado su hora; pero cuando da a luz al niño, ya no se acuerda de la angustia, por la alegría de que un niño haya nacido en el mundo. Por tanto, ahora ustedes tienen también aflicción; pero Yo los veré otra vez, y su corazón se alegrará, y nadie les quitará su gozo.*

Jesús entendía la tristeza. Sabía lo que era enfrentarse a la muerte de un amigo (Juan 11:35), y sabía que sus discípulos se sentirían afligidos por todo lo que sucedería. También sabía la gran alegría que les esperaba en medio de la dificultad. Y esta promesa no era solo para los discípulos; es una promesa que se repite a lo largo de la Escritura para todos los seguidores de Cristo. El apóstol Pablo, quien sufrió naufragios, azotes, la mordedura de una serpiente y encarcelamientos, dijo: "Sobreabundo de gozo en toda nuestra aflicción" (2 Corintios 7:4). ¡Parece que incluso la profundidad de nuestras luchas puede servir para magnificar la bondad y cercanía de Dios!

4. ¿Has experimentado un momento en el que la bondad y la cercanía de Dios fueron más evidentes para ti debido a una lucha que estabas enfrentando? En ese caso, descríbelo brevemente.

5. **Repasa Juan 16:23-24.**

Aquí, Jesús habló con los discípulos sobre sus preguntas y deseos, abarcando el pasado, el presente y el futuro.

6. Llena la tabla siguiente según 16:23-24.

Frase usada	Completa la frase	Encierra en un círculo el periodo de tiempo indicado
"En aquel día..."		pasado, presente, futuro
"si piden algo al Padre en Mi nombre..."		pasado, presente, futuro
"Hasta ahora nada han pedido...		pasado, presente, futuro
"pidan y..."		pasado, presente, futuro

Hasta este punto, los discípulos habían hecho muchas preguntas y presentado sus peticiones, principalmente por cosas que podrían beneficiarlos personalmente, como asientos de honor en el reino de los cielos (Marcos 10:37); sin embargo, Jesús los llamó a algo mayor, desafiándolos a pedir conforme a su voluntad.

Al darles estas instrucciones sobre pedir en su nombre, no les estaba revelando el secreto para obtener todo lo que quisieran en la vida. No les estaba enseñando a usar las palabras "en el nombre de Jesús" como la versión cristiana de *abracadabra* para hacer que las cosas sucedieran según su voluntad. En cambio, estaba expresando dos aspectos importantes de la oración.

En primer lugar, estaba reiterando lo que ya había dicho en el Discurso del Aposento Alto: ellos tenían un modo de comunicarse con el Padre, y *Él* era el camino (Juan 14:6). Acercarse al Padre *en el nombre de Jesús* significa ser invitados a una conversación con el Padre debido a la relación que Jesús ha hecho posible. Sería como si estuvieras conociendo a tu autor favorito porque tu tía resultó conocerlo y organizó la reunión. Podrías mencionar su nombre y decir: "Estoy aquí gracias a mi tía Elena. Ella organizó esta reunión contigo". De manera similar, ¡los creyentes pueden acercarse al Padre en el nombre de su Hijo Jesús (Hebreos 4:14-16)!

En segundo lugar, la esencia de orar en su nombre es orar conforme a su carácter y su voluntad. En el mundo antiguo, el nombre de una persona representaba toda su persona: su papel, personalidad y voluntad. Orar en el nombre de Jesús significa orar por cosas que están en consonancia con quién es Jesús y lo que Jesús quiere (y Jesús quiere lo que el Padre quiere). Orar en el nombre de Jesús es orar *como* Jesús, quien dijo al Padre: "Hágase Tu voluntad" (Mateo 6:10).

7. ¿Tiendes hacia alguno de estos extremos cuando oras? Si es así, pon una marca al lado:

___ Ordenar a Dios que haga que las cosas sucedan porque es lo que tú quieres.

___ Preocuparte por pedirle algo por miedo a que podría estar fuera de su voluntad.

8. Si es el primer caso, ¿cómo puedes remodelar tu postura de oración para que esté alineada con su ejemplo? Si es el segundo, escribe una petición que hayas tenido miedo de compartir con Él, y después escribe una oración para esa petición.

Ya sea que nuestras oraciones sean respondidas con un "sí" o un "no" (o incluso un "espera"), podemos confiar en que Dios siempre responde a sus hijos y en que podemos confiar en su corazón. Él quiere que le pidamos cosas (Mateo 7:7-11). ¡A Dios le encanta decir "sí" a sus hijos! Y su "no" también es para nuestro bien. Sus planes no serán frustrados por nuestras peticiones. Cuando oramos en consonancia con su voluntad y vemos su obra activa a través de la oración, ¡nuestro gozo se aumentará aún más!

DÍA 3

JUAN 16:25-33

LEE JUAN 16:25-33

1. **Repasa 16:25-28.**

Jesús no suavizó el peso de sus palabras mientras continuaba su largo discurso con los discípulos. En cambio, les dijo que cuando llegara el momento, después de la resurrección, les hablaría de manera más clara. *¡Qué alivio!*

2. Recuerda lo que aprendimos sobre la oración ayer y resume Juan 16:26-27 con tus propias palabras.

Ya sabían que podrían pedir al Padre "en su nombre," y aquí Jesús estaba diciendo que su resurrección sería lo que les abriría el camino para hablar con el Padre. Jesús les dijo que el Padre los amaba. No era necesario que Jesús convenciera a un Padre enojado para que fuera bondadoso y amoroso hacia ellos; su muerte en la cruz no transformó al Padre en un Dios amoroso. El Padre siempre ha sido amoroso, ¡y siempre ha estado redimiendo a sus hijos! Si alguna vez te has sentido tentado a creer la mentira de que el Padre es hostil y Jesús es amoroso, recuerda Juan 3:16: Dios *amó* tanto al mundo que envió a su único Hijo. Y deja que la verdad de 1 Juan 4:19, "nosotros le amamos a él, porque él nos amó *primero*" (RVR-60, énfasis añadido), corrija cualquier pensamiento equivocado.

Jesús regresaba a este Padre amoroso, quien había amado al Hijo *y* establecido su función como nuestro Salvador desde antes de la fundación del mundo (Juan 17:24, Apocalipsis 13:8).

3. **Repasa Juan 16:29-33.**

A medida que Jesús enseñaba, ¡los discípulos comenzaron a entender! Incluso expresaron claramente su creencia de que Jesús venía de Dios, pero Jesús sabía que vacilarían.

4. ¿Qué advertencia les hizo Jesús a los discípulos en Juan 16:32a? Completa el significado de esta declaración en la tabla siguiente.

Advertencia (Juan 16:32a)	Profecía del AT (Zacarías 13:7)	Cumplimiento en el NT (Mateo 26:56)

En Juan 16:32b Jesús reiteró la unidad que comparte con el Padre. Les dio consuelo (y posiblemente se consoló a sí mismo) con el recordatorio de que nunca estaría solo. El Padre siempre estaría inseparablemente unido a Él, incluso durante esas horas solitarias de su traición y muerte.

A través de todas estas palabras (esta unidad con el Padre, esta promesa del amor del Padre), los estaba guiando hacia la paz.

5. En letras mayúsculas (para añadir énfasis), escribe las últimas cinco palabras de Juan 16:33.

______ ________ ______________ ________ ________________.

¿Cómo pudo Jesús decir: "Yo *he* vencido al mundo" cuando aún no había terminado lo que fue enviado a hacer? Cuando pronunció estas palabras, todavía no había ido a la cruz; no había conquistado la tumba. ¿Cómo pudo Jesús hablar como si esto ya hubiera sucedido?

Este es un pensamiento interesante: así como Dios no está limitado por la ubicación, tampoco está limitado por el tiempo. Después de todo, ¡Dios inventó el tiempo! Y su omnipresencia (estar en todas partes) significa que puede estar tanto dentro como fuera del tiempo (su creación) simultáneamente, al igual que puede estar dentro y fuera del ámbito natural (que también es su creación).

6. **Lee Apocalipsis 13:8.** ¿Cuándo fue inmolado el Cordero de Dios?

Este versículo en Apocalipsis ayuda a explicar este punto. El futuro eterno ya había sido cumplido en el pasado eterno. Jesús pudo decir "Ya he hecho esto" porque como *Dios el Hijo* (una tercera parte de nuestro Dios eterno y trino), Él no solo estaba en la habitación con sus discípulos dando el Discurso del Aposento Alto, sino que también estaba en el futuro donde sus palabras ya se habían cumplido. *¡Vaya!* (Es posible que te sientas un poco conectado con la confusión de los discípulos en este punto, ¡y eso está bien! Si no puedes comprender completamente algunos de estos conceptos, ese es un gran punto de partida para la admiración y el asombro).

Y en medio de esta noticia grande, complicada y novedosa, Jesús incluso se tomó el tiempo para encontrarse con ellos justo donde estaban, usando una frase que había pronunciado antes en tiempos inciertos (Mateo 14:27): "¡Tengan ánimo!". Podía mirar los rostros de sus desanimados discípulos y decirles: "Todo estará bien; ya me he encargado de todo". Y esa promesa también es verdadera para ti.

DÍA 4

JUAN 17:1-19

LEE JUAN 17:1-19

Juan es el único escritor de los Evangelios que registró la oración sacerdotal de Jesús. Mientras continuaba el Discurso del Aposento Alto con sus seguidores más cercanos, Jesús levantó sus ojos al cielo (una forma habitual de orar en aquellos días) y se dirigió a su Padre personalmente. Observemos el corazón de Jesús en esta oración. Oró por sí mismo (para que Él glorificara al Padre) y luego intercedió por sus discípulos, así como por todos aquellos que creerían después de ellos, ¡incluyéndote a ti! Jesús mantuvo su corazón y su mente enfocados en lo principal: la voluntad del Padre, para que la vida eterna llegara a otros a través de Él.

1. **Repasa 17:1-5.**

2. **Lee Isaías 42:8 e Isaías 48:11.** Según estos versículos, ¿con quién compartirá Dios su gloria?

3. Compara estos versículos con Juan 17:1-5. ¿Qué te dice esto acerca de la unidad de Dios el Padre y Dios el Hijo?

La petición inicial de Jesús, "glorifica a tu Hijo", implica que Jesús es Dios. Dios no comparte su gloria con nadie más, pero sí la compartirá dentro de sí mismo a través de su Hijo. Todo el ministerio de Jesús (sus palabras y sus obras) dio gloria al Padre; pero la cruz, que era piedra de tropiezo para los judíos y locura para los gentiles (ver 1 Corintios 1:23-25), trajo la gloria suprema, porque la cruz siempre fue el plan de redención de Dios.

Una vez más, vale la pena señalar que Jesús (quien está fuera del tiempo) consideraba esta obra como algo ya cumplido (Juan 17:4).

4. **Usa un diccionario de griego para definir "conocer" (17:3).** ¿Es este tipo de conocimiento transaccional o íntimo?

5. **Repasa Juan 17:6-10.**

Mientras Jesús continuaba su oración, los discípulos que lo escuchaban tuvieron el beneficio único de no solo aprender más sobre la relación dentro de la Deidad (también conocida como la Trinidad), sino también de presenciar la intensidad y la intimidad de esa relación. ¿Puedes imaginar *escuchar a Jesús hablar con el Padre* acerca de su relación? El tema de esta sección revela la unidad que compartían: todo lo que Jesús tenía era *del* Padre, y Jesús dirigía todo de regreso *al* Padre. Y el pueblo de Dios (incluyéndonos a nosotros) está atrapado en esa historia de amor.

6. Lee lentamente la paráfrasis de Juan 17:8 a continuación. Llena los espacios en blanco usando Padre, Hijo (Jesús) y el pueblo.

El ______________ dio palabras al ______________. El ______________ recibió las palabras y ha llegado a saber que las palabras vinieron del ______________ y el ______________ creyó que el ______________ envió al ______________.

7. ¿Cómo afecta esta interacción entre el Padre, el Hijo y el pueblo tu perspectiva sobre tu propia salvación?

El Padre dio a conocer quién acudiría a Jesús, y también le dio palabras al Hijo para hablar. A medida que estas cosas sucedían, el Hijo seguía dando crédito al Padre. Jesús declaró que todos los que son del Padre también son suyos, lo que significa que aquellos que creen en Jesús pertenecen a ambos. Así como Jesús apunta al Padre en todas las cosas, nuestras vidas siempre deberían apuntar a Jesús. Nadie más que Jesús debe ser glorificado por las cosas que hacemos o decimos.

8. **Repasa Juan 17:11-19.**

En el v. 11 Juan registró la única ocasión en la Escritura donde Jesús se refirió al Padre como "Padre santo". En otras ocasiones, Jesús usó un término más familiar como *Abba* (Padre) en oración. Este título, Padre santo, es un recordatorio de que aunque se nos invita a imitar a Cristo y acercarnos confiadamente a Dios el Padre como *nuestro* Padre personal, debemos hacerlo con la postura correcta, recordando que Él es santo y digno de reverencia. Ten esto en mente mientras oras.

Jesús le pidió al Padre que los guardara (a todos los creyentes) en su nombre. No dijo: "Guárdalos, pero solo si se lo ganan a través de las disciplinas espirituales" o "Guárdalos, pero solo si se esfuerzan" o "Guárdalos mediante un ejército de ángeles". No. Él oró para que Dios el Padre los guardara a través de su poderoso nombre. Tu posición como hijo o hija está segura porque está protegida por *el nombre que es sobre todo nombre*. Eres sostenido y guardado por el Dios eterno. ¡Ten esto en mente mientras recuerdas tu identidad!

Jesús también oró para que el Padre los guardara en el mundo, incluso cuando fueran odiados, y pidió que fueran protegidos del maligno. Tú, creyente, no eres de este mundo, pero has sido enviado a este mundo, protegido por Aquel que lo formó y lo sustenta. Él actuará en ti y a través de ti, y te guardará mientras avanzas. Jesús también oró para que el Padre te santificara mediante la verdad de su Palabra (¡lo cual, con suerte, está sucediendo mientras haces este estudio!).

9. **Usa un diccionario bíblico para definir *santificar*.** Luego explica Juan 17:19 con tus propias palabras. ¿Cómo sucede esto en tu propia vida?

DÍA 5

JUAN 17:20-26

LEE JUAN 17:20-26

Hace dos mil años, Jesús oró por ti antes de que siquiera existieras. Dios nunca está ausente de nosotros, y sus pensamientos siguen estando en nosotros. ¿Por qué exactamente estaba orando Él por ti (y por todos los que creerían en Él)? Él anhelaba una unidad entre todos los creyentes, así como las tres personas de Dios tienen unidad. Su ferviente oración hace evidente esto al enfatizar la unidad y sus efectos.

1. **Repasa Juan 17:20-23.**

2. Usa el texto para llenar los espacios en los círculos a continuación.[7]

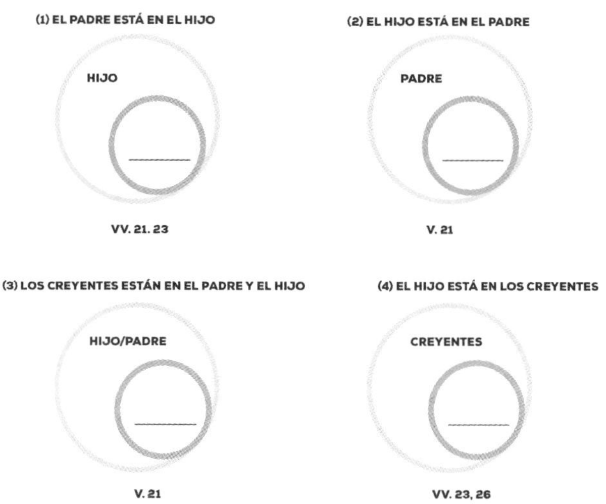

7. Ilustración adaptada de "Jesus High Priestly Prayer," por Justin Taylor, The Gospel Coalition, https://www.thegospelcoalition.org/blogs/justin-taylor/jesus-high-priestly-prayer/

La relación entre el Padre, el Hijo y el Espíritu ha sido comparada con un baile. ¿Puedes imaginarlo? El hermoso ritmo y el deleite entre los tres a lo largo de los siglos mientras existen en perfecta armonía, señalando en gloria el uno al otro. La palabra griega *pericoresis*, que literalmente significa "danza circular", puede usarse para describir las interacciones de la Trinidad entre sí.[8] Jesús oró para que los creyentes futuros participaran en esta "danza" para que el mundo viera la belleza y creyera en Él también (17:23).

3. **Lee 1 Corintios 12:12-14 y Efesios 4:1-6.** ¿Qué dicen estos pasajes sobre la relación entre los creyentes? ¿Cuáles son las funciones del Padre, el Hijo, el Espíritu y el creyente para establecer la paz?

En su libro *La razón de Dios*, Tim Keller explica que el egocentrismo es dejar de danzar; exige que los demás orbiten a nuestro alrededor.[9] La vida del verdadero creyente debe ser humilde, abnegada y amorosa. Al deleitarse en la abnegación y en servir a los demás, comienzan a danzar alrededor del otro, y cuando hay reciprocidad, el otro también comienza a danzar. ¡Esto resulta en más belleza, gozo más profundo, mayor deleite!

4. ¿Tienes dificultades para creer que Dios te ama con el mismo amor con el que ama a su Hijo (17:23)? En ese caso, ¿cómo transforman las palabras de Jesús tu creencia?

5. **Repasa 17:24-26.** Compara 17:24 con las palabras que Jesús pronunció anteriormente en Juan 14:2-3. ¿Qué tema observas?

---

8. "What Is the Meaning of 'Perichoresis'?", Compelling Truth, https://www.compellingtruth.org/perichoresis.html.
9. Timothy Keller, *La razón de Dios* (Nueva York: Penguin Books, 2018), p. 229.

Esta unidad inquebrantable, dentro de la misma Trinidad y entre Dios y su pueblo, fue el tema de la oración sacerdotal de Jesús y el punto culminante de su Discurso del Aposento Alto.

Dios nunca está ausente de nosotros. Cuando formó al hombre y la mujer en el jardín (Génesis 1:27), no se limpió el polvo de sus manos y los despidió. Caminó con ellos en el jardín (Génesis 3:8) y los buscó (Génesis 3:9) cuando su pecado y desconfianza en su corazón los hizo esconderse. Él es el Dios que está constantemente *con* su pueblo. Uno de los nombres del Hijo es Emanuel: ¡Dios con nosotros! (Mateo 1:23). Y en este momento de su oración, cuando el que vino a habitar se preparaba para regresar al lugar de donde vino, lo hizo saber: ¡quería que su pueblo habitara con Él también! Jesús expresó su deseo de que viéramos la gloria que el Padre le dio. Es otra generosa invitación de Dios a sus hijos.

Creyente, pasaremos la eternidad deleitándonos en la gloria del magnífico Dios que nos formó, nos amó, nos salvó y nos guardó. Cantaremos y danzaremos con gozo para siempre, ¡porque Él es donde está el gozo!

6. ¿Qué te impactó más del estudio de esta semana? ¿Por qué?

7. ¿Qué aprendiste o recordaste acerca de Dios y de su carácter esta semana?

DÍA 6

SALMO CORRESPONDIENTE Y ORACIÓN

LEE SALMOS 98

1. ¿Qué correlación ves entre Salmos 98 y el estudio de esta semana sobre Jesús como Dios?

2. ¿Qué porciones de este salmo captan más tu atención?

3. Termina haciendo esta oración en voz alta:

Padre,

Te alabo hoy, igual que los mares rugientes, los ríos que aplauden y las colinas que cantan. Tu canto de alegría resuena a través de la creación. Has enviado tu salvación hasta los confines de la tierra, y por eso me regocijo. Tú eres justo y fiel. Eres amor constante, y has hecho cosas maravillosas.

Y, aunque en un momento salgo corriendo a alabarte, en el siguiente momento soy consumido por el miedo y silenciado por la timidez. Tropiezo, incluso cuando no hay obstáculos en mi camino. Confieso que mi corazón ha sido inconstante. Te pido que me hagas fiel.

Espíritu Santo, recuérdame que nunca estoy solo. Cuando olvido mi identidad como hijo de Dios y me desvío hacia el pecado, convénceme de mi verdadera identidad. Recuérdame la justicia que me fue concedida debido a la obra terminada de Jesús, y hazme caminar en esa justicia. ¡Santifícame! Y, sin importar la dificultad que venga a mi camino en el sendero justo, hazme valiente para declarar tu bondad.

Cuando respondes a mis oraciones con un "sí", eres bueno. Cuando respondes a mis oraciones con un "no", eres bueno. Cuando respondes a mis oraciones con un "espera", eres bueno. Por lo tanto, te rindo mi vida, Señor; en cada momento de mi día y cada decisión que tomo, cedo mi voluntad y mi camino a tu perfecta voluntad y camino.

Yo también te amo. Amén.

DÍA 7

DESCANSA, PONTE AL DÍA O PROFUNDIZA

RETO SEMANAL

En el Día 2 vemos que ninguno de los discípulos vivió bajo una nube de tristeza debido a la muerte y resurrección de Jesús. A pesar de sus circunstancias difíciles, y la persecución violenta, permanecieron llenos de gozo mientras proclamaban valientemente las buenas nuevas y veían al Espíritu obrar. Lee 1 Pedro 1:3-9, y luego escribe un párrafo en tu diario respondiendo a esta pregunta: ¿Cómo te llena de gozo la esperanza viva de la resurrección de Jesús incluso en circunstancias difíciles?

SEMANA 9

Juan 18-19:

La pasión de Dios

VERSÍCULO PARA MEMORIZAR

Si guardan Mis mandamientos, permanecerán en Mi amor, así como Yo he guardado los mandamientos de Mi Padre y permanezco en Su amor.
Juan 15:10

LECTURA BÍBLICA DIARIA

Día 1: Juan 18:1-27

Día 2: Juan 18:28-40

Día 3: Juan 19:1-16a

Día 4: Juan 19:16b-30

Día 5: Juan 19:31-42

Día 6: Salmos 88

Día 7: Para ponerte al día

Corresponde al día 317 de *La sinopsis de la Biblia*

RETO SEMANAL

Ver la página 224 para más información.

DÍA 1

JUAN 18:1-27

LEE JUAN 18:1-27

Las últimas horas de la vida de Jesús a menudo se llaman la narración de la pasión, porque nuestra palabra en español *pasión* proviene de la palabra latina para sufrimiento. Todo lo que estudiaremos esta semana es pesado, pero ánimo, porque nada de lo que estudiaremos esta semana sucedió fuera del plan de Dios.

1. **Repasa 18:1-11.**

Después de haber terminado de enseñar a sus discípulos, Jesús fue a un jardín. Según otros relatos de los Evangelios, sabemos que este es el jardín de Getsemaní, ubicado en el Monte de los Olivos, justo fuera de las puertas de la ciudad, a menos de trescientos metros del templo.

2. ¿Qué tres cosas llevaron los soldados y oficiales al jardín? ¿Qué te dice esto sobre lo que esperaban al llegar?

Mientras caminaban con sus linternas y antorchas cruzando el valle de Cedrón, Jesús ciertamente los habría visto acercarse, pero no huyó ni se escondió. Sabía que su tiempo había llegado, así que se entregó a ellos.

Declarando el *Yo soy* absoluto y final en el libro de Juan (afirmación que no era una metáfora), Jesús se identificó una vez más como Dios al usar el mismo lenguaje que usó el Padre para identificarse a sí mismo en Éxodo 3:13-15.

3. En 18:6, ¿qué hicieron las personas que escucharon la proclamación de divinidad de Jesús en respuesta?

Esta es una respuesta común a la revelación de la divinidad, pero no vemos ninguna indicación de que estos hombres estuvieran adorando a Jesús. ¿Se cayeron intencionadamente? ¿O fue un acto orquestado divinamente, similar a las profecías accidentales hechas por algunos de los enemigos de Jesús? La Escritura no nos da suficiente información para sacar una conclusión clara, pero sí sabemos una cosa: caer a los pies de Jesús es la respuesta adecuada, ya sea intencional o accidental.

Simón Pedro, que amaba a Jesús pero aún no entendía completamente el plan, resistió a los hombres que llegaron para arrestar a Jesús. En lo que pudo haber sido un intento de matar a uno de los hombres, Pedro cortó la oreja de un esclavo llamado Malco. El Evangelio de Lucas nos dice que Jesús le dijo a Pedro que se detuviera y sanó al hombre (Lucas 22:51). ¿Puedes imaginar ser sanado por aquel al que has venido a arrestar? Y, sin embargo, arrestaron a Jesús; y Él se entregó voluntariamente.

4. **Repasa 18:12-14.**

El grupo hizo lo que había llegado para hacer y se llevó a Jesús. Pensaron que lo habían capturado, pero Él se había entregado a ellos, como Él se entregaba por nosotros. No sabían que lo estaban llevando al momento en que Él nos reconciliaría con el Padre.

Antes de su muerte, Jesús pasó por un total de seis juicios: tres religiosos y tres civiles. Juan registró el primero, el cuarto y el sexto.

En el primer juicio, Jesús se encontró con Anás. Roma sustituyó a Anás como sumo sacerdote por su yerno, Caifás, pero un texto judío llamado el Talmud nos dice que Anás todavía tenía una gran influencia sobre los líderes religiosos de Jerusalén. También era muy probable que estuviera a cargo del mercado en los atrios del templo, donde Jesús volcó las mesas; por lo tanto, es posible que este juicio, que ocurrió en medio de la noche y no de acuerdo con la ley judía, haya sucedido porque Anás tenía una venganza personal contra Jesús.[10]

5. En 18:14 Juan nos recuerda lo que Caifás dijo anteriormente en 11:50. Repasa 18:14 y complétalo a continuación.

> Caifás era el que había aconsejado a los judíos que convenía que _______ ____________ ____________ _______ _______ ____________.

Caifás estaba jugando un juego político, sin darse cuenta de que había señalado accidentalmente el motivo de la muerte de Jesús: la expiación sustitutiva.

6. **Usa un diccionario bíblico o un comentario para investigar la frase *expiación sustitutiva*.** Después defínela con tus propias palabras.

7. **Repasa 18:15-18.**

Para el resto de nuestro estudio de hoy, saltaremos de un lado a otro entre lo que sucedió dentro de los aposentos del sumo sacerdote y lo que sucedió fuera de ellos.

La sirvienta que introdujo a Pedro en el patio del sumo sacerdote le preguntó sobre su relación con Jesús. La estructura de la pregunta de la muchacha en griego sugiere que sentía curiosidad, no era acusatoria. Aun así, Pedro, que acababa de cortarle la oreja al siervo del sumo sacerdote, se acobardó ante su pregunta. En su comentario sobre el Evangelio de Juan,

10. Tremper Longman III y David E. Garland, eds., *The Expositor's Bible Commentary: Luke–Acts Vol. 10*, rev. ed. (Grand Rapids, MI: Zondervan Academic, 2007), p. 614.

Juan Calvino escribió: "Nuestro coraje es de tal naturaleza, que, por sí mismo, cede cuando no hay enemigo".[11]

Entonces Pedro, recién salido de su primera negación de Jesús (ver Juan 13:36-38), se calentaba junto a un fuego de carbón con los oficiales y sus sirvientes.

8. **Repasa 18:19.24.**

En el interior, Anás interrogó a Jesús acerca de sus discípulos (para entender cuántos eran sus seguidores) y sus enseñanzas (para escuchar algo que pudiera llamar blasfemo). La respuesta de Jesús probablemente habría recordado a los líderes religiosos Isaías 45:19, y significaba que su mensaje en privado siempre era el mismo que su mensaje en público.

9. **Lee 18:22.** Después de que Jesús los invitara a llamar testigos para confirmar lo que Él dijo, ¿qué hizo uno de los oficiales? ¿Qué dijo el hombre?

10. ¿Cuál fue la ironía de las palabras del hombre?

a. El hombre fue él mismo testigo de las enseñanzas de Jesús.

b. El hombre no quería arrestar a Jesús en primer lugar.

c. Jesús es nuestro Sumo Sacerdote, pero este hombre le respondió con una bofetada.

11. **Repasa 18:25-27.**

Mientras Pedro se calentaba junto a los oficiales que arrestaron a su Rabino, más de ellos comenzaron a reconocerlo y a interrogarlo. Como suelen hacer las mentiras, la primera mentira de Pedro se convirtió en una

11. Juan Calvino, *Commentary on the Gospel According to John*, trad. Rev. William Pringle, vol. 2 (Grand Rapids, MI: Christian Classics Ethereal Library), https://ccel.org/ccel/calvin/cal com35/calcom35.ix.viii.html.

segunda mentira, la cual se convirtió en una tercera. Mientras Jesús enfrentaba una farsa de juicio en su camino para pagar el precio por los pecados del mundo, uno de sus discípulos más cercanos negó haberlo conocido. Y luego, tal como Jesús le dijo que sucedería, cantó el gallo.

12. **Lee Lucas 22:62.** ¿Cómo respondió Pedro cuando se dio cuenta de lo que había hecho?

Como le sucedió a Pedro, la gravedad de nuestro propio pecado debería romper nuestros corazones.

13. Al concluir hoy, escribe una oración de confesión a continuación.

DÍA 2

JUAN 18:28-40

LEE JUAN 18:28-40

Cuando dejamos los juicios de Jesús ayer, Anás había enviado a Jesús ante Caifás, el sumo sacerdote actual. Juan no registra un relato de este juicio, pero en los otros tres Evangelios sabemos que Caifás condenó a Jesús. En el antiguo Israel, en el Día de la Expiación cada año, el sumo sacerdote entraba en el Lugar Santísimo (el lugar más sagrado del templo) para rociar la sangre de un cordero sacrificial sobre el propiciatorio del arca del pacto.

Caifás, cuyo trabajo era expiar los pecados del pueblo de Israel, condenó al mismo que fue enviado para expiar los pecados del mundo; pero la condena de Caifás solo sirvió para dar paso al plan de Dios desde el principio: el Día de la Expiación definitivo. El sacrificio perfecto de Jesús como el *Gran* Sumo Sacerdote significaba que el Lugar Santísimo ya no sería necesario.

Después del juicio con Caifás, hubo otro juicio con el Sanedrín: un panel de importantes líderes religiosos. Otros relatos de los Evangelios nos dicen que no solo hallaron culpable a Jesús, sino que también se burlaron de Él. Le escupieron. Le vendaron los ojos y le golpearon.

1. **Repasa 18:28-32.**

2. ¿Entraron los líderes religiosos en la residencia del gobernador? ¿Qué explicación da Juan para esto?

Según las regulaciones establecidas por los fariseos, los judíos que entraban a un edificio o casa gentil que tenía techo se volvían ceremonialmente impuros por un tiempo y, por lo tanto, debían ser excluidos de cualquier observancia sagrada. Si los líderes religiosos entraban en los aposentos de Pilato (el gobernador), no podrían participar en la fiesta de la Pascua.

3. Haz una búsqueda en internet para averiguar qué alimentos se incluían tradicionalmente en las comidas de la Pascua del primer siglo, y dibuja los artículos o haz una lista de ellos en el gráfico del plato.

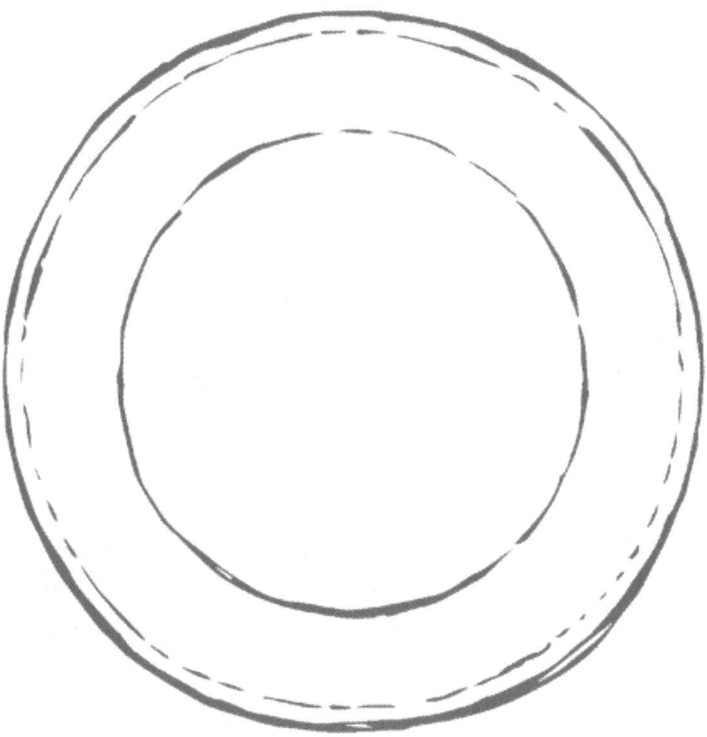

Comer el cordero de la Pascua era tan importante para estos líderes que enviaron a su prisionero (el propio Cordero de la Pascua) solo a los aposentos de Pilato. Mientras ellos se separaban de Dios, el abismo entre Dios y toda la humanidad estaba un paso más cerca de ser cerrado.

Durante este primer juicio civil, Pilato intentó devolver a Jesús al Sanedrín para ser sentenciado.

4. Cuando Pilato intentó que los líderes religiosos sentenciaran a Jesús según sus propias leyes religiosas, ¿cómo respondieron ellos? Llena los espacios en blanco de Juan 18:31 a continuación.

«A nosotros ____ _____ _____ __________ ______
__________ ______ __________», le dijeron los judíos.

Ese fue el motivo. Esa fue la razón por la que Jesús fue entregado a las autoridades romanas. Roma había quitado a los judíos el derecho legal de ejecutar castigos capitales entre su propio pueblo; en el Imperio romano, solo las autoridades romanas podían ejecutar prisioneros.

Y, si Roma ejecutaba a Jesús, lo haría con el método de ejecución que utilizaban casi exclusivamente para los criminales no ciudadanos. En este punto en la historia del Imperio romano ya había habido miles de crucifixiones, y como querían disuadir a futuros criminales, las crucifixiones eran, por diseño, agonizantes y vergonzosas.

5. **Repasa 18:33-40.**

Juan no registró el quinto juicio de Jesús con Herodes, pero retomó el sexto y último juicio. Este fue otro juicio con Pilato. Los líderes religiosos querían que Roma condenara a Jesús por subversión política, por lo que Pilato le preguntó a Jesús: "¿Eres tú el rey de los judíos?".

6. Usando 18:33-37 como evidencia, ¿pensaba Pilato que Jesús era una amenaza para Roma? ¿Por qué sí o por qué no?

Frente a un poderoso oficial del Imperio romano, en aposentos que sin duda estaban diseñados para deslumbrar e intimidar, Jesús (quien vivió una vida de dominio propio) describió su reino eterno.

7. **Lee los siguientes versículos de Daniel.** Empareja la referencia bíblica con lo que nos dice sobre el reino de Dios.

Daniel 2:44	Todos los pueblos, naciones y lenguas deberían servirlo.
Daniel 7:14	Su reino será un reino eterno.
Daniel 7:27	Su reino no será jamás destruido, pero romperá en pedazos otros reinos.

Menos de quinientos años después de que Jesús le hablara a Pilato sobre su reino, el Imperio romano cayó. Imperios, dinastías y países han surgido y caído desde el principio de los tiempos, y seguirán haciéndolo hasta el final; pero el reino de Cristo es para siempre.

8. ¿Qué pregunta le hizo Pilato a Jesús de manera despectiva en Juan 18:38? ¿Por qué es irónica su pregunta?

Durante la Pascua, Roma tenía la costumbre de liberar a un prisionero para que regresara con el pueblo judío. Sabemos por Juan que Barrabás era un ladrón condenado, y por dos Evangelios más (Marcos 15:7; Lucas 23:19) sabemos que también era culpable de asesinato; sin embargo, el pueblo quería que lo liberaran, por lo que fue puesto en libertad, mientras que Jesús ocupó su lugar.

9. ¿En qué se parecen todos los creyentes a Barrabás?

DÍA 3

JUAN 19:1-16A

LEE JUAN 19:1-16A

1. **Repasa 10:1-11.**

Con el juicio final de Jesús concluido, Pilato lo sacó para ser azotado, posiblemente para aplacar a sus acusadores y hacer que reconsideraran su petición de ejecución. Cuando una persona era azotada en el primer siglo, se usaba un látigo que tenía trozos rotos de metal y hueso atados a las correas de cuero. El prisionero desnudo tenía los brazos atados a un objeto inmóvil, como un pilar, para confinarlo a un solo lugar y estirar su piel sobre su espalda. Cuando el látigo hacía contacto con el cuerpo de la víctima, los objetos afilados se incrustaban en la piel y se arrancaban para el siguiente golpe. Tirantes de piel suelta y tejido colgaban de los lugares donde el látigo desgarraba.

Algunas tradiciones de la Iglesia enseñan que Jesús fue azotado treinta y nueve veces, porque la ley judía permitía hasta cuarenta azotes a la vez, pero estos eran soldados romanos, y no estaban obligados por la ley judía. Los relatos históricos sobre el azote en el Imperio romano dicen que algunos eran golpeados tan brutalmente que sus intestinos eran visibles después. Si esto le sucedió a Jesús, sería consistente con la profecía de Isaías 52:14: "Así fue desfigurada Su apariencia más que la de cualquier hombre".

Jesús aún no había sido sentenciado a crucifixión y, sin embargo, el dolor físico que soportó ya había superado todo lo que la mayoría de las personas experimentará o incluso podrá imaginar. Pero el dolor fue más que físico. Dios el Hijo (el Rey del universo que vino a servir y a salvar) fue cruelmente ridiculizado.

2. Usando Juan 19:2-3 como guía, llena la tabla siguiente. Usa una Biblia de estudio si es necesario.

Objeto o acción	Cómo lo usaron los soldados para ridiculizar a Jesús
Corona de espinos	
Manto púrpura	
Falso saludo	

Cuando miró a Jesús (con la piel desgarrada, golpeado y sangriento, vistiendo solo la vestimenta que le pusieron para ridiculizarlo), Pilato probablemente se preguntó como ese Hombre podría ser una amenaza para Roma o incluso para los judíos; por lo tanto, presentó a Jesús ante los principales sacerdotes.

3. ¿Qué dijo Pilato en 19:5 cuando Jesús salió?

Y Pilato les dijo: "________ ________ ________ ______________".

4. ¿Cómo respondieron los principales sacerdotes y los oficiales en 19:6?

Esto era lo que los líderes religiosos querían: una crucifixión. Aunque a los judíos no se les permitía legalmente aplicar el castigo capital, hubo un tiempo en que sí podían. La lapidación era su método de ejecución, y por cruel y bárbaro que nos parezca hoy la lapidación, era una misericordia en comparación con el método sádico elegido por Roma. *Crucifixión* proviene de la misma raíz latina que nuestra palabra *agonizante*, y ciertamente lo fue. Después de que el prisionero soportara los golpes, los clavos que lo sujetaban a la cruz rasgarían sus muñecas y pies. En agonía, sus articulaciones se dislocarían. Luego, sufriría una larga muerte por asfixia, deshidratación y, finalmente, insuficiencia cardíaca. Al pedir esta muerte de tormento, los líderes religiosos añadieron el cargo de blasfemia. Juan nos dice que Pilato "se atemorizó aún más" (19:8).

5. **Lee Mateo 27:19 para obtener contexto adicional.** ¿Por qué Pilato ya tenía miedo de sentenciar a Jesús a muerte?

Cuando Pilato interrogó más a fondo a Jesús, Él le dijo que tenía autoridad para crucificarlo solo *porque Dios se la había dado*. Jesús también dijo que el pecado mayor no era el de Pilato. La Escritura no nos dice que todos los pecados sean iguales; en algún momento de la historia del cristianismo, comenzamos a decirnos eso. En 19:11 Jesús dijo lo contrario: el pecado de quien lo entregó para su muerte era peor que el pecado de Pilato al sentenciarlo a muerte. Aunque no todos los pecados son iguales en intención o impacto, todo pecado separa a la humanidad de Dios, y por eso Jesús se sometió a torturas físicas, emocionales y relacionales: para abrir un camino de regreso a Dios, para restaurar lo que el pecado había roto.

6. **Repasa 19:12-16a.** En 19:12, ¿cómo presionaron los líderes religiosos a Pilato?

Con esto, los líderes religiosos lo convencieron; Pilato se preocupaba tanto por su futuro político que estaba dispuesto a sentenciar a muerte a un Hombre en quien no encontraba culpa. Por lo tanto, justo en el momento en que se sacrificaban los corderos de la Pascua, Pilato nuevamente sacó a Jesús y se sentó en el tribunal.

7. ¿Qué dijo Pilato en 19:14 cuando sacó a Jesús?

Les dijo a los judíos: "_______ _________ _______ _______".

Esta fue la segunda vez en esta escena que Pilato les dijo a los líderes religiosos que miraran a Jesús. Al decir "Aquí está", Pilato quería decir: "No solo mírenlo. Véanlo. Presten atención a Él". Y, aunque probablemente solo estaba haciendo un último esfuerzo para librarse de la carga de ordenar la ejecución de Jesús, sus palabras significaban más de lo que él podría haber sabido: *¡He aquí! ¡El Rey del Universo, en su camino hacia una muerte tortuosa para cerrar la brecha entre el hombre y Dios, ¡de una vez por todas!*

DÍA 4

JUAN 19:16B-30

LEE JUAN 19:16B-30

Cada autor de los Evangelios muestra a Jesús a través de un lente particular. El lente de Juan es "Jesús como Dios", pero en el pasaje de hoy vemos a Jesús a través de los cuatro lentes: Rey, Siervo, Salvador y Dios.

Hay mucho que podemos estudiar sobre el contexto histórico de la crucifixión: la evidencia arqueológica de dónde tuvo lugar, los matices lingüísticos del relato, y las verdades teológicas que enseña; sin embargo, para el creyente, cuando se trata de la cruz de Cristo, la lectura y la contemplación en oración no tienen igual. Hoy nos detendremos y tomaremos nuestro tiempo en la Palabra, reflexionando sobre el gran amor de Dios y orando en respuesta.

1. **Lee nuevamente, con detenimiento, Juan 19:16b-22.**

Jesús es el Rey eterno. Pilato se negó a cambiar la inscripción para que pareciera una afirmación; era, y es, un hecho. Pero solo era parcialmente correcta. Debería haber dicho: *Jesús de Nazaret, el Rey Eterno del universo.*

2. Escribe una oración de alabanza al REY del universo.

3. **Lentamente, vuelve a leer Juan 19:23-24.**

Jesús es el Salvador. Él cumple toda la Escritura, como cuando el Salmo 22 señaló que los soldados echarían suertes sobre sus vestiduras, y cuando Génesis 22 señaló el sacrificio que el Señor proveería. Jesús es el último cordero sacrificial, y murió por nuestros pecados.

4. Escribe una oración de confesión al SALVADOR del mundo.

5. **Lentamente, vuelve a leer Juan 19:25-27.**

Jesús vino a servir. Con algunos de los últimos y agonizantes alientos de Jesús, se aseguró de que su madre, muy probablemente viuda en este punto y con pocos recursos, fuera cuidada. Incluso en su sufrimiento, Él proveyó y bendijo.

6. Escribe una oración al que vino como SIERVO, pidiendo su provisión y bendición.

7. **Lentamente, vuelve a leer Juan 19:28-30.**

Jesús es Dios. Nada en la vida o muerte de Jesús sucedió fuera de la voluntad de Dios. Y, como Dios el Padre, Dios el Hijo y Dios el Espíritu siempre están en perfecta unidad, nada en la vida o muerte de Jesús ocurrió fuera de la voluntad *de Jesús*. Antes de la fundación del mundo, Dios tenía un plan para hacernos regresar a Él. Cuando Jesús dijo: "Consumado es" (Juan 19:30), su cruel y agonizante muerte había terminado. Más que eso, la obra que vino a hacer había sido perfectamente cumplida. El plan de Dios siempre es el mejor plan, y su voluntad siempre es correcta.

8. Escribe una oración al DIOS del universo, rindiendo tu voluntad a su perfecta voluntad.

DÍA 5

JUAN 19:31-42

LEE JUAN 19:31-42

1. **Repasa 19:31-37.**

Cuando alguien era crucificado, tenía que empujarse hacia arriba con sus piernas para poder respirar. Romperle las piernas produciría una muerte más rápida. Jesús ya estaba muerto cuando los soldados rompieron las piernas de los otros dos que colgaban a su lado. Como Juan escribió, eso cumplió las palabras de la Escritura: "Él guarda todos sus huesos; ni uno de ellos es quebrantado" (Salmos 34:20). Era importante que sus huesos no fueran rotos no solo para cumplir estas palabras de la Escritura, sino también para cumplir un cuadro más grande.

2. **Lee Éxodo 12:46 a continuación y subraya la parte del pasaje que señala a Juan 19.**

> Se ha de comer cada cordero [de la Pascua] en una misma casa. No sacarán nada de la carne fuera de la casa, ni quebrarán ninguno de sus huesos.

3. **Lee 1 Corintios 5:7 a continuación y subraya la parte del pasaje que muestra cómo Jesús cumplió esto:**

> Limpien la levadura vieja para que sean masa nueva, así como lo son en realidad sin levadura. Porque aun Cristo, nuestra Pascua, ha sido sacrificado.

4. En Juan 19:34, ¿cuáles fueron los dos líquidos que salieron del cuerpo de Jesús?

_____________ y _____________

El pericardio es el saco lleno de líquido que rodea el corazón, y por supuesto, toda la sangre fluye a través del corazón. Cuando la lanza del soldado atravesó tanto el pericardio como el corazón, el contenido de ambos salió. Tal vez, como argumentó Agustín, la sangre y el agua representaban los sacramentos de la comunión y el bautismo. O quizás, como escribió Calvino, representaban la justificación y la santificación.[12] O puede que este terrible momento quedó grabado en la memoria de Juan, y él quería que entendiéramos que Jesús, quien era plenamente hombre, realmente murió.

5. **Repasa Juan 19:38-42.**

Después de una crucifixión, los funcionarios romanos normalmente dejaban el cuerpo en la cruz durante días mientras se descomponía, permitiendo que los animales salvajes se alimentaran, lo cual servía como una grotesca advertencia para disuadir a posibles criminales. Al final, los cuerpos no reclamados eran arrojados a una fosa común; sin embargo, la ley de Dios prohibía que los cuerpos permanecieran en los maderos durante la noche (Deuteronomio 21:22-23). Por eso, Pilato permitió que dos hombres improbables movieran el cuerpo de Jesús.

6. ¿Quiénes fueron los dos hombres que ayudaron a proveer para el entierro de Jesús? Escribe lo que sabes de ellos a continuación.

José de Arimatea	Nicodemo (consulta la semana 1, día 4, para recordar)

12. Juan Calvino, *Commentary on the Gospel According to John*, trad. Rev. William Pringle, vol. 2 (Grand Rapids, MI: Christian Classics Ethereal Library), https://ccel.org/ccel/calvin/cal com35/calcom35.ix.viii.html.

Para José y Nicodemo, sus temores obstaculizaron su fe mientras Jesús estaba vivo; pero en su muerte, sus corazones fueron transformados y pasaron de las tinieblas a la luz.

7. Tacha las cosas a continuación que Juan 19:41-42 *no* nos enseña sobre el sepulcro:

- El sepulcro era nuevo.
- El lugar del sepulcro está ahora marcado por la Iglesia del Santo Sepulcro.
- El sepulcro estaba en un jardín.
- El lugar del sepulcro está cerca de una colina con forma de calavera fuera de la Puerta de Damasco en Jerusalén.
- El sepulcro estaba cerca del lugar de la crucifixión.

Hay al menos dos lugares destacados en Jerusalén que los cristianos creen que podrían ser el lugar de la muerte y sepultura de Jesús. Y, aunque se han presentado varios argumentos convincentes, no sabemos con certeza dónde estaba su tumba, porque la Biblia no nos lo dice y porque *Él ya no está allí.*

Comenzamos nuestra lectura esta semana con el arresto de Jesús y terminamos con su cuerpo yaciendo en un sepulcro prestado. Todo lo que estudiamos esta semana fue pesado, pero debemos comprender las malas noticias antes de poder entender completamente las buenas noticias. Por ejemplo: "Tienes una cita de cirugía con el mejor neurocirujano del mundo en quince minutos", suena aterrador o absurdo, a menos que sepas que tienes un tumor cerebral potencialmente fatal.

La mala noticia es que nuestro pecado significa que merecemos la muerte y la separación eterna de Dios. La buena noticia es que Aquel que nunca pecó es quien tomó nuestro lugar, derrotó a la muerte y nos restauró a Dios.

En 1771, William Cowper escribió la mala noticia y la buena noticia en un himno llamado "Hay una fuente llena de sangre" (*There Is a Fountain Filled with Blood*):

Hay una fuente llena de sangre,
Extraída de las venas de Emanuel;
Y los pecadores, sumergidos bajo esa corriente,
Pierden todas sus manchas de culpa.

8. En tus propias palabras, y tal vez incluso como un poema, escribe la mala noticia y la buena noticia.

Incluso cuando leemos sobre su muerte, Jesús es nuestra buena noticia, ¡y Él es donde está el gozo!

9. ¿Qué te impactó más en el estudio de esta semana? ¿Por qué?

10. ¿Qué aprendiste o recordaste acerca de Dios y su carácter esta semana?

DÍA 6

SALMO CORRESPONDIENTE Y ORACIÓN

LEE SALMOS 88

1. ¿Qué correlación ves entre Salmos 88 y el estudio de esta semana sobre Jesús como Dios?

2. ¿Qué porciones de este salmo captan más tu atención?

3. Termina haciendo esta oración en voz alta:

Padre,

A veces, la oscuridad parece demasiado pesada para soportar.

Como el salmista, Jesús estaba abrumado por la tristeza; sin embargo, sabiendo todo lo que le sucedería, se entregó al plan de redención.

Como al salmista, los amigos de Jesús lo habían abandonado; sin embargo, sabiendo desde el principio lo que harían, los amó, les enseñó y les sirvió. Les lavó los pies.

Como el salmista, Jesús estaba cerca de la muerte; sin embargo, en la cruz, continuó en su sufrimiento hasta la muerte para reconciliarnos contigo.

Yo soy Pedro. No estoy amenazado, pero te he negado. Yo soy Barrabás. Soy el pecador, pero tú tomaste mi lugar en la cruz. Soportaste la ira por mis pecados.

Incluso cuando mi alma está llena de problemas, incluso cuando parece que la desesperación ha ganado, incluso cuando la oscuridad me rodea, recuérdame que la historia no ha terminado. Recuérdame que tu Hijo volverá.

Mientras espero el glorioso final de la historia, que pueda seguir volviéndome a ti, cada mañana y cada noche. Ven pronto, Señor. Te rindo mi vida, Señor; en cada momento de mi día y cada decisión que tomo, cedo mi voluntad y mi camino a tu perfecta voluntad y camino.

Yo también te amo. Amén.

DÍA 7

DESCANSA, PONTE AL DÍA O PROFUNDIZA

RETO SEMANAL

Escoge un himno acerca de la crucifixión de Jesús (haz una búsqueda en internet para encontrar sugerencias si las necesitas). Cada día durante una semana, deja que ese himno sea el primer canto que oigas en la mañana y el último canto que oigas antes de irte a dormir. Cada vez que escuches, ora tal como el Espíritu te dirija.

SEMANA 10

Juan 20-21:

Vida eterna con Dios

VERSÍCULO PARA MEMORIZAR

Estas cosas les he hablado, para que Mi gozo esté en ustedes, y su gozo sea perfecto.

Juan 15:11

LECTURA BÍBLICA DIARIA

Día 1: Juan 20:1-18

Día 2: Juan 20:19-31

Día 3: Juan 21:1-14

Día 4: Juan 21:15-19

Día 5: Juan 21:20-25

Día 6: Salmos 42

Día 7: Para ponerte al día

Corresponde al día 319 de *La sinopsis de la Biblia*

RETO SEMANAL

Ver la página 247 para más información.

DÍA 1

JUAN 20:1-18

LEE JUAN 20:1-18

1. **Repasa 20:1-10.**

2. Es momento de usar tus habilidades de investigación. Escribe al menos tres pruebas de estos versículos que apunten a la resurrección de Jesús.

1.	
2.	
3.	

Esta evidencia es importante porque reveló que el cuerpo de Jesús no fue *robado*; Él había *resucitado*.

La ausencia de un cuerpo ciertamente es algo notable, pero no suficiente para probar un milagro. Mover la piedra colocada en la entrada del sepulcro habría requerido la fuerza de varios hombres. Esto es contundente, pero aún no es concluyente. Es importante que examinemos esas telas funerarias.

Las personas eran enterradas envueltas en tiras de lino impregnadas con aceites embalsamadores y especias. Las telas se endurecían a medida que estos materiales se secaban, creando un efecto similar al de un papel maché. Recuerda cuando Lázaro resucitó. Las personas tuvieron que ayudarle a salir de las telas, ya fuera cortándolas o rompiéndolas. La manera en que Juan describe la escena implica que nada de esto ocurrió en el caso de Jesús. Las telas de lino estaban en orden y sin alterar.

Además, el sudario que cubría su rostro estaba doblado y dejado aparte, como si alguien hubiera estado preparando la ropa para lavarla. Los ladrones no tienen fama de perder tiempo en la escena de un crimen ordenando todo para dejarlo mejor que como lo encontraron. Tampoco habrían dejado atrás telas de lino impregnadas con especias de embalsamar costosas.

Toda la evidencia apuntaba a un milagro; sin embargo, los discípulos aún no entendían del todo. Juan "creyó," pero la revelación completa de la identidad de Jesús todavía no estaba clara. Pero ya nos estamos acercando.

3. **Repasa 20:11-18.**

Después de la carrera hacia el sepulcro (Juan se asegura de mencionar que él ganó) y de la posterior investigación, Juan y Simón Pedro regresaron a la casa, pero María Magdalena no hizo lo mismo. No podemos pasar por alto la experiencia de María en el jardín. No había sido un paseo normal al amanecer.

4. Completa las siguientes frases para seguir la búsqueda de María del cuerpo de Jesús.

María estaba fuera, ________________ junto al sepulcro.

María ________ ________________ y miró dentro del sepulcro.

María ________________ a dos ángeles.

María ________________, "Porque se han llevado ______ ______ ________________, y no sé dónde lo han ________________".

Observa la angustia emocional que sentía María. Su obsesión por encontrar el cuerpo de Jesús lo consumía todo. La presencia de los discípulos no la calmó. El sepulcro vacío no la dejó satisfecha. Ni siquiera la presencia de dos ángeles la tranquilizó. *¿Quién ve a dos ángeles y ni siquiera les presta atención?* Una mujer con una misión *clara*.

5. **Lee Éxodo 25:18-19.** ¿Dónde estaban sentados los querubines en el propiciatorio? ¿Dónde estaban sentados los ángeles en Juan 20:12?

El propiciatorio del templo era el lugar mismo de la presencia de Dios, pero solo un sacerdote podía acercarse una vez al año. En el sepulcro vacío, dos ángeles estaban sentados en la misma posición, pero esta vez no había velo ni piedra que limitaran el acceso. La presencia de Dios ya no estaba contenida en un solo lugar para un solo sacerdote. Jesús es Dios, y su resurrección hizo posible que todos puedan entrar. María estaba a punto de tener la primer vislumbre.

6. **Lee Romanos 10:17.** ¿Cómo ves esto activo en Juan 20:16?

Muchos han teorizado por qué María no reconoció a Jesús al principio. Pero tal vez, en su divina sabiduría, Jesús estaba reservando una lección más profunda para todos nosotros. Jesús no reveló *su* identidad diciendo *su* nombre, sino pronunciando el de *ella*. ¿Recuerdas Juan 10:27? María reconoció la voz de su Buen Pastor, y su búsqueda alcanzó un mejor final del que pudo haber imaginado: ¡Jesús estaba vivo!

La alegría de María parecía desbordarse demasiado, ya que Jesús le pidió que dejara de aferrarse a Él. (Nota aparte: este pequeño detalle confirmó que Jesús no era un fantasma ni un espíritu resucitado, sino un cuerpo real levantado a una vida real. María no podría aferrarse a un fantasma). Ambos tenían trabajo que hacer, y era hora de comenzar.

7. **Lee de nuevo Juan 1:12-13.** ¿Cómo se cumplió esto en el 20:17?

Jesús nunca antes se había referido a los discípulos como "hermanos". Su resurrección aseguró una nueva relación. Como creyentes en Jesús, somos más que siervos, más que discípulos, más que amigos; somos injertados como hermanos y hermanas de Jesús. ¡Hijos e hijas en la diversa y divina familia de Dios!

8. La fe en la identidad de Dios y en la nuestra viene por escuchar la Palabra de Dios. Debemos permitir que el Espíritu Santo exponga las mentiras y declare la verdad. Detente y practica una oración de escucha. Usa esta tabla para comenzar.

Mentira	Verdad
Ejemplo: Nadie me ama.	*Jeremías 31:3 – "Con amor eterno te he amado".*

Esta conversación en el jardín concluyó con María siendo enviada en una misión: "Ve y dile a los muchachos que estoy ascendiendo". Jesús nunca moriría otra vez. Él resucitó a una nueva vida; una vida eterna.

María se fue del sepulcro con el mensaje que ha viajado desde ese tranquilo jardín por las calles de Jerusalén; ha perseverado a través de la persecución, ha cruzado culturas y continentes, y ha sido fielmente transmitido a través de siglos de santos y pecadores para llegar hasta ti, donde sea que estés leyendo este estudio hoy. "¡He visto al Señor! ¡Él está vivo!". ¡Que todos los que creen se regocijen!

DÍA 2

JUAN 20:19-31

LEE JUAN 20:19-31

1. **Repasa 20:19-23.**

Los discípulos estaban reunidos de luto; las puertas cerradas, el miedo palpable. Y Jesús entró milagrosamente en medio de ellos con las primeras palabras que habían escuchado de Él después de la cruz: "Paz a vosotros". Imagina su alivio y consuelo al ver que, aun habiendo abandonado a Jesús, Él los recibió con una bendición. Este es nuestro Dios.

2. **Compara 20:19-22 con Hechos 2:1-4.** ¿Qué similitudes encuentras? ¿Qué preguntas surgen de esto?

3. **Usando un diccionario de griego, define *pneuma*.** ¿Dónde ves *pneuma* en ambos pasajes?

Las palabras "reciban el Espíritu Santo" podrían ser confusas. ¿Recibieron el Espíritu aquí o en Hechos? ¿Juan estaba contradiciendo Hechos?

D. A. Carson ofreció información muy útil en su comentario *The Gospel According to John* [El Evangelio según Juan]: "La 'exhalación' de Jesús y el mandato 'reciban el Espíritu Santo' se entienden mejor como una especie de parábola actuada que señala hacia el pleno revestimiento que aún estaba por llegar".[13] En otras palabras, cuando Jesús exhaló sobre ellos y mencionó al Espíritu Santo, estaba dando una representación física (o "parábola actuada") de una realidad espiritual que estaba por llegar.

Él sopló sobre ellos la promesa del Espíritu Santo para que *cuando* escucharan el viento en el aposento alto en Pentecostés, supieran que era el Aliento de Vida (*pneuma*). En Génesis 2:7, Dios primero sopló vida en el hombre. Aquí, Dios estaba soplando una *nueva* vida resucitada sobre sus discípulos; la presencia de Cristo ahora disponible para siempre en la persona del Espíritu Santo.

4. En 20:23 Jesús reveló lo que el Espíritu los capacitaría para hacer. **Compara esta promesa con el final del mensaje de Pedro en Hechos 2:38.**

Juan 20:23	Hechos 2:38
A quienes _________ los pecados, estos les son ___________; a quienes retengan los _________, estos les son retenidos.	Entonces Pedro les dijo: «_____________ y sean bautizados cada uno de ustedes en el nombre de Jesucristo para _________ de sus pecados, y recibirán el don del Espíritu Santo».

Jesús no estaba insinuando que el Espíritu Santo ahora daba a los discípulos el poder de ofrecer (o retener) el perdón de los pecados para la salvación de las almas. Ese es un trabajo reservado únicamente para Dios. Más bien, estaba revelando que el derramamiento del Espíritu Santo nos impulsará y capacitará para compartir el evangelio de Jesucristo (y la oferta de su perdón) con el mundo. Alguien tiene que hablar sobre la salvación para que las personas sepan que el perdón es posible (Romanos 10:14). Así como el Padre envió a Jesús al mundo con el mensaje de arrepentimiento, ahora el Espíritu nos envía a nosotros.

13. D. A. Carson, *The Gospel According to John* (Grand Rapids, MI: William B. Eerdmans Publishing Company, 1991), p. 655.

En Hechos 2 el Espíritu descendió y Pedro comenzó a predicar. En 20:26 los discípulos aún tenían las puertas cerradas. Todavía no hemos llegado al pleno derramamiento espiritual.

5. **Repasa 20:24-29.** ¿Qué título le ha asignado nuestra cultura a Tomás debido a esta interacción? ¿Cómo lo hemos llamado en este estudio?

Tomás puede haber dudado (y, de hecho, *todos* los discípulos dudaron), pero al menos fue sincero al respecto. No iba a fingir que creía cuando no lo hacía. Su sinceridad no produjo rechazo en Jesús; lo acercó más. Tal vez la historia de Tomás no fue registrada como una burla sino como un modelo de cómo manejar la duda. De la misma manera que Jesús manejó la duda de Tomás con amor, tus preguntas están seguras con Él.

6. ¿Hay pasajes de la Escritura en los que solo estás fingiendo creer? Sigue el ejemplo de Tomás y sé sincero con Dios; escríbelo y pídele que te revele la verdad.

La duda de Tomás fue amablemente corregida, y él respondió con reconocimiento: "¡Señor mío y Dios mío!". Y entonces, la más dulce bendición fluyó de la boca de Jesús hacia las vidas de las generaciones futuras de santos (¡incluyéndonos a nosotros!): "Bienaventurados los que no vieron y creyeron". Esta es la bendición ahora pronunciada sobre cada creyente. ¡Qué bendición! ¡Qué aliento!

7. **Repasa 20:30-31.**

Juan terminó el capítulo 20 con un recordatorio de por qué estaba escribiendo: "Lo único que quiero es que crean en Jesús. Sus enseñanzas, señales y resurrección revelan una sola cosa: Él es Dios. Cree y vive verdaderamente".

DÍA 3

JUAN 21:1-14

LEE JUAN 21:1-14

1. **Repasa 21:1-3.**

Es importante detenerse y prestar atención a esta revelación final de Jesús para no pasar por alto el abundante trabajo redentor que se produce aquí. Hoy se trata de prepararnos, así que comencemos con un rápido "¿Dónde? ¿Quién? ¿Qué?".

2. *¿Dónde* están? En el mapa de abajo, señala el mar de Tiberíades. Traza una línea desde Jerusalén hasta el mar.

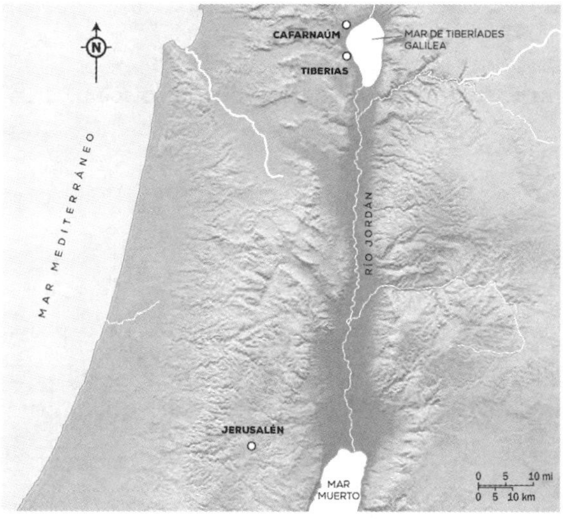

Puede que estés pensando: *¿Mar de Tiberíades? ¡Pensé que se llamaba Mar de Galilea!* Y tienes razón. El mar de Galilea tiene muchos nombres: lago de Genesaret, lago Cineret, mar de Ginosar, aguas de Genesaret, etc. Diferentes grupos lo llamaban por distintos nombres según la autoridad gobernante de la época. El Mar de Tiberíades era su nombre romano. El Mar de Galilea era como lo llamaban los locales.

3. *¿Quién* estaba junto al mar? Usando 21:2 como guía, completa la lista de invitados de Galilea con las respuestas correctas. **Pista: puede que tengas que usar alguna herramienta de estudio bíblico para identificar a los discípulos por sus apodos.**

Discípulo	Invitado		
Simón Pedro	Sí	No	Tal vez
Felipe	Sí	No	Tal vez
Juan el apóstol	Sí	No	Tal vez
Andrés	Sí	No	Tal vez
Natanael	Sí	No	Tal vez
Mateo	Sí	No	Tal vez
Santiago de Alfeo	Sí	No	Tal vez
Simón el zelote	Sí	No	Tal vez
Tomás	Sí	No	Tal vez
Judas Iscariote	Sí	No	Tal vez
Judas (no Iscariote)	Sí	No	Tal vez
Santiago	Sí	No	Tal vez

4. *¿Qué* estaba pasando? ¿Por qué estaban los discípulos en Galilea?

Si escribiste "pescando", tienes razón en parte. Pero probablemente no hicieron el viaje de 160 kilómetros desde Jerusalén solo para echar unas redes al agua. En Mateo 26:32 y 28:10 Jesús les dijo a los discípulos que se encontraría con ellos en Galilea después de su resurrección. En Marcos

16:6-8 los ángeles transmitieron el mismo mensaje. Ellos tomaron a Jesús en serio, esperando en obediente expectativa junto al mar.

5. **Repasa 21:4-7a.** ¿Por qué crees que no reconocieron a Jesús al principio?

6. **Lee Lucas 5:3-11.** ¿Qué futuros discípulos estaban presentes en esta historia?

7. **Repasa Juan 21:7b-11.**

Tal vez aún estaba demasiado oscuro para reconocer a Jesús. Tal vez estaban somnolientos. Tal vez Pedro era corto de vista. Lo que sí sabemos es que solo una persona había proporcionado milagrosamente una captura tan grande antes al pedirles que lanzaran las redes al otro lado. Imagina los ojos de Juan abriéndose, reconociéndolo, mientras sus músculos se esforzaban por levantar la red: "Espera un momento, ya hemos pasado por esto. ¡Pedro! ¡Es el Señor!".

Pedro se puso la túnica (ya que los muchachos probablemente estaban pescando sin ropa) y se lanzó al mar hacia su Salvador.

Juan incluye un detalle interesante sobre esta captura masiva de peces: eran 153. Los pescadores a menudo vendían su captura por peso, por lo que el *número* de peces probablemente no habría sido relevante… a menos que representara algo más importante.

8. **Busca Lucas 5:10.** ¿Qué dijo Jesús que estos pescadores atraparían?

El número específico de peces en la abundante captura de los discípulos parece hacer referencia a la promesa que Jesús hizo cuando llamó a estos hombres a seguirlo. Y, aunque la Escritura no nos da evidencia, se ha dicho que había 153 especies de peces en el mundo en ese momento, y algunos creen que estos peces representaban uno de cada especie, lo que simboliza el llamado de Jesús a hacer discípulos de todas las naciones (Mateo 28:19-20) y la promesa de que su reino incluye a personas de todas las naciones, tribus, pueblos y lenguas (Apocalipsis 7:9). ¡Pescadores de hombres, en verdad!

9. **Repasa 21:12-14.**

10. Cada detalle de la Escritura es importante, incluso si parece describir solo un desayuno. **Usa 21:4-14 como referencia para responder a las siguientes preguntas.**

- ¿Qué tipo de fuego los esperaba en la orilla?

- ¿Qué dos alimentos estaban en el menú?

- ¿Qué hora del día era?

¿Alguna vez has probado un postre que inmediatamente te recordó tu infancia? ¿Alguna vez pasaste cerca de un desconocido, oliste su perfume y sentiste un leve atisbo de tristeza porque te recordó a tu abuelo? Este es un fenómeno científico real. La misma parte del cerebro que procesa nuestros sentidos también es parcialmente responsable de almacenar recuerdos emocionales.

Todos estos sabores y aromas registrados en Juan 21:4-14 habrían transportado a los discípulos a recuerdos reales y profundos. El olor del mar era la fragancia característica de la mayor parte del tiempo que pasaron con Jesús. La última vez que Jesús partió el pan con ellos fue en el aposento alto. Tal vez recordaron su milagrosa alimentación de los cinco mil mientras Él preparaba el pescado.

Y luego estaba el fuego de carbón. Esta palabra, *anthrakia*, solo se registra dos veces en toda la Escritura: aquí y en Juan 18:18. Hasta donde sabemos, la última vez que Pedro estuvo alrededor de un fuego de carbón (en aquellas frías horas nocturnas antes de la crucifixión) negó incluso conocer a Jesús. Este aroma no debió de ser agradable para él. Qué difícil debe haber sido reunirse con Jesús alrededor de un lugar tan lleno de vulnerabilidad y vergüenza.

Y ese era precisamente el propósito. Jesús estaba preparando la mesa para un banquete completo de redención. Mañana participaremos en ese festín completo.

DÍA 4

JUAN 21:15-19

LEE JUAN 21:15-19

Pedro estaba a punto de aprender que Jesús estaba haciendo mucho más que preparar el desayuno. Estaba, lleno de gracia, restaurando su relación y aclarando el llamado de Pedro.

1. **Repasa 21:15-17.** ¿A quién o a qué crees que se refiera *estos* en 21:15?

Quizás Jesús estaba señalando los 153 peces que acababan de pescar. Tal vez estaba apuntando a los otros discípulos. Tal vez Pedro realmente amaba el pan. No podemos saberlo con certeza. Lo que sí sabemos es que Jesús estaba siendo intencional en relación al llamado de Pedro. Estaba a punto de recibir una gran misión, un llamado pesado. Jesús estaba anclando a Pedro en la motivación subyacente y que sustenta un ministerio fructífero: un amor por Jesús por encima de todo lo demás.

2. **Usando 21:15-17 y un diccionario de griego, completa la siguiente tabla.**

Pregunta de Jesús	Palabra griega para amar	Definición	Respuesta de Pedro	Palabra griega para amar	Definición
"Simón, hijo de Juan, ¿me amas más que estos?".			"Sí, Señor, tú sabes que te amo".		
"Simón, hijo de Juan, ¿me amas?".			"Sí, Señor, tú sabes que te amo".		
"Simón, hijo de Juan, ¿me amas?".			"Señor, tú sabes todo; sabes que te amo".		

En español solo tenemos una palabra para "amar". Sabemos que no todos los amores son iguales. Por ejemplo, tú (con suerte) amas a tu familia de una manera diferente a cómo amas la pizza. Y, sin embargo, aún "amas" ambas cosas.

En griego hay cuatro palabras para comunicar cuatro tipos diferentes de amor: *philia, eros, storge* y *agape*.

Observa que Jesús usó *agape* en las primeras dos preguntas, mientras que Pedro respondió con *philia*. Era como si Jesús le dijera: "Pedro, ¿me amas de manera incondicional y eterna?". Y Pedro respondía: "Sí. Creo que eres increíble, amigo". Tal vez Pedro tenía miedo de expresar un amor que no había mostrado en el pasado. Pero ¿viste el cambio que ocurrió en su tercer intercambio? Jesús cambió y usó *philia,* igual que Pedro.

¿Por qué? ¿Estaba Jesús disminuyendo su llamado? ¿Se estaba conformando con un amor menor?

No. Jesús estaba encontrando a Pedro donde él estaba. Sabía lo que le esperaba a Pedro, y tenía que asegurarse de que el amor que compartían fuera la base para la obra que Pedro iba a realizar. No la culpa. No la vergüenza. No la obligación. El *amor*. En lugar de seguir cuestionando el *agape* de Pedro, Jesús lo modeló. Qué amable y compasivo es nuestro Dios al no disciplinarnos cuando necesitamos la seguridad del amor.

3. ¿Dudas del amor de Dios por ti debido a algo que hiciste, algo que te hicieron, o algo que alguien dijo sobre ti? Toma un momento para escribirlo como una oración de confesión.

4. Ahora vuelve a leer el intercambio entre Pedro y Jesús, reconociendo que la misma paciencia y atención que Jesús le ofreció a Pedro están disponibles para ti. Escribe una oración de gratitud por su amor por ti, y comprométete a recibirlo.

5. Ahora que tenemos claro lo de los "amores", enfoquémonos en los mandatos. **Usando 21:15-17 y un diccionario de griego, completa la siguiente tabla.**

Completa los espacios en blanco	Define
Alimenta mis ____________.	Alimenta:
Apacienta mis ____________.	Apacienta:
__________ mis ____________.	

Fíjate en la progresión de los mandatos de Jesús. Primero, Pedro debía centrarse en alimentar a los corderos: los que eran nuevos en la vida de seguir a Jesús, los débiles, los vulnerables. Necesitarían cuidado específico. En algunos momentos, tendrían que ser cargados. ¿No había hecho eso Jesús por Pedro? ¿No lo estaba haciendo aquí?

Pedro también tendría que "apacentar" las ovejas. Esta palabra comunicaba liderazgo, "permanecer junto a" y "estar al lado de". Los pescadores no tenían necesidad de mantener una relación con los peces. Los capturaban, los contaban y luego los vendían. Los pastores eran diferentes. Caminaban con sus ovejas desde su nacimiento, atravesando colinas rocosas y montañas áridas, durmiendo en medio del rebaño y protegiéndolas en cada paso del camino. Lo más importante: *los pastores permanecen.*

Finalmente, él alimentaría a las ovejas. Los pastores siempre trataban de llevar a las ovejas maduras a un lugar de abundancia, una zona oasis donde pudieran aprender a alimentarse por sí mismas, bebiendo profundamente de las fuentes naturales en el desierto. Pedro estaba siendo enviado con la misión de llevar a las personas a este mismo nivel de madurez espiritual, finalmente aprendiendo a ir a la Fuente de aguas vivas por sí mismas.

6. **Repasa 21:18-19.** Haz una búsqueda rápida en internet para ver cómo murió Pedro.

Jesús concluyó la restitución de Pedro con una imagen preocupante que él no entendería hasta mucho después. Pero con su último "Sígueme", Jesús nos dio a todos un modelo sencillo para el discipulado. Incluso cuando lideramos, incluso cuando alimentamos y enseñamos a otros, incluso cuando morimos, debemos seguirlo en cada paso del camino. Jesús, nuestro Dios amable, paciente, compasivo y victorioso, ya ha abierto el camino.

DÍA 5

JUAN 21:20-25

LEE JUAN 21:20-25

1. **Repasa 21:20-22.**

2. ¿Qué fue lo último que Jesús le dijo a Pedro en 21:19? ¿Qué fue lo primero que hizo Pedro en 21:20?

Podríamos frustrarnos fácilmente con Pedro. Pero la verdad es que a menudo somos como él: nos apartamos de las palabras de nuestro Salvador para asegurarnos de estar mirando lo que los demás están haciendo. Jesús fue rápido en su corrección amorosa, repitiendo la frase que llegaría a definir el resto de la vida de Pedro: "Sígueme".

3. **Usando un diccionario de griego, busca y define *sígueme*.**

Jesús usó esta frase seis veces en el Evangelio de Juan. En griego, la raíz es *alfa*, que significa "principio". Juan comenzó su libro instándonos a mirar al Verbo, que "estaba en el principio". Siendo el narrador brillante que era, también terminó con eso. Seguimos al Alfa y la Omega, al que siempre fue, siempre es y siempre será (Apocalipsis 22:13).

Como Pedro, la mayoría de nuestros errores al seguir a Jesús se reducen a un problema de enfoque: comenzamos a mirar a las personas equivocadas, nos distraemos, y nos desviamos del camino. Pero las instrucciones siguen siendo igual de directas y claras para cada creyente: "Sígueme". A veces, las indicaciones son tan simples que sentimos que debe haber algo más. ¡Pero esto es todo! Sigue a Jesús. Fin de la historia (literalmente).

4. Para ayudarnos a reenfocar, rodea a continuación con un círculo todos los mandatos de Proverbios 4:25-27.

Miren tus ojos hacia adelante,
Y que tu mirada se fije en lo que está frente a ti.
Fíjate en el sendero de tus pies,
Y todos tus caminos serán establecidos.
No te desvíes a la derecha ni a la izquierda;
Aparta tu pie del mal.

5. ¿Cuáles son algunas cosas que te distraen de seguirlo? Sé específico.

6. **Repasa 21:23-25.**

En 21:23 Juan aclaró un par de rumores. Jesús no insinuaba que Juan nunca moriría; simplemente le estaba diciendo a Pedro que el futuro de Juan no era asunto suyo. Así que, si te emocionaste pensando en la posibilidad de ver a Juan en tu congregación local este domingo, te decepcionarás.

7. Es posible que hayas visto una palabra familiar en 21:24. Como recordatorio, rodea a continuación con un círculo la definición correcta.

a. Una historia adornada usada para hacer que las personas se emocionen.
b. Una palabra de Dios para ser compartida en medio de un servicio.
c. La historia de cómo mi vida cambió después de ser salvo.
d. Una historia personal que principalmente señala a Jesús y cómo Él se revela a través de mi vida.

Juan comenzó con un testimonio en 1:19, el testimonio de Juan el Bautista sobre Jesús, y concluyó con el suyo propio. A lo largo de todo este Evangelio, el énfasis de Juan fue claro: *Jesús es Dios. Pon tu mirada en Él.* Llega al punto de ni siquiera mencionar su propio nombre en todo el libro. Al llamarse "el discípulo a quien Jesús amaba", Juan quitaba el enfoque de sí mismo para perderse detrás del amor de Jesús. Este es nuestro ejemplo.

Las últimas palabras del Evangelio de Juan terminan como una trama brillante. Si esto fuera una película, el espectador quedaría esperando secuelas. *¡Si hay más señales como esta, queremos verlas!*

Y así sería. Siglos de santos seguirían contando la historia, desde los Hechos de los Apóstoles, hasta los viajes misioneros de Pablo; navegando desde la isla de Patmos; fluyendo por los ríos de África; e incluso encontrándose en nuestras noticias hoy. ¡Qué actos milagrosos de preservación! ¡Qué historia llevada por el Espíritu Santo! Da igual el libro, continente o medio; hay un mensaje inequívoco que resuena en cada página: esto siempre se ha tratado solo de Jesús. ¡Él es donde está el gozo!

8. ¿Qué es lo que más te impactó del estudio de esta semana? ¿Por qué?

9. ¿Qué aprendiste o recordaste acerca de Dios y su carácter esta semana?

DÍA 6

SALMO CORRESPONDIENTE Y ORACIÓN

LEE SALMOS 42

1. ¿Qué correlación ves entre Salmos 42 y el estudio de esta semana sobre Jesús como Dios?

2. ¿Qué porciones de este salmo captan más tu atención?

3. Termina haciendo esta oración en voz alta:

Padre,

Eres mi salvación y mi Dios. ¡Te alabaré! Durante el día me rodeas con tu amor constante. En la noche tu canto está conmigo.

Si se escribiera todo lo bueno que has hecho, el mundo no podría contener todos los libros que se llenarían.

Pero, como María, he desesperado. Como Tomás, he dudado. Como Pedro, me he distraído. Y como David, me he abatido. Me he preguntado si te importo. He cuestionado tus promesas. Y no siempre he llevado mis incertidumbres y temores ante ti, el único que puede disiparlos. Perdóname.

Recuérdame tu fidelidad pasada, y deja que eso aliente mi esperanza. Recuérdame que Jesús es mi hermano, y deja que eso aumente mi confianza. Recuérdame que tú venciste la muerte, y deja que eso haga crecer mi valentía.

Enséñame a seguirte. Te rindo mi vida, Señor; en cada momento de mi día y en cada decisión que tome, someto mi voluntad y mi camino a tu perfecta voluntad y camino.

Yo también te amo. Amén.

DÍA 7

DESCANSA, PONTE AL DÍA O PROFUNDIZA

RETO SEMANAL

En el día 4 echamos un vistazo rápido a cómo murió Pedro. Pedro es uno de los millones que han dado su vida por causa del evangelio. Esta semana, haz un estudio adicional y encuentra al menos tres mártires de diferentes generaciones de la historia de la Iglesia. (Si quieres un desafío más profundo, considera leer *El libro de los mártires* de John Foxe). Aunque probablemente nunca serás crucificado por tus creencias, estas historias inspiran valentía y nos recuerdan el valor incomparable de Jesús. ¡Recibe ánimo para seguir a Jesús con valentía todos los días de tu vida!

PARA LÍDERES DE GRUPO

¡Gracias por usar este estudio y por liderar a otros a través de él también! Cada semana tiene una amplia variedad de contenido (contenido y preguntas, lectura bíblica diaria, memorización de versículos, reto semanal y recursos) para ayudar al lector a desarrollar un abanico de disciplinas espirituales. Siéntete libre de incluir tanto o tan poco de eso en tus reuniones como quieras. Los detalles proporcionados en "Cómo usar este estudio" (págs. 11-13) serán útiles para ti y para todos los miembros de tu grupo, ¡así que asegúrate de revisar esa información juntos!

Depende de ti y de tu grupo cómo les gustaría estructurar sus reuniones, pero sugerimos incluir tiempo para dialogar sobre el estudio y el texto bíblico de la semana, el aliento mutuo y la oración. Además, tal vez quieras practicar juntos los versículos de memorización de la Escritura como grupo o en parejas. A medida que compartas con los demás, "consideremos cómo estimularnos unos a otros al amor y a las buenas obras" (Hebreos 10:24) y "confórtense los unos a los otros, y edifíquense el uno al otro" (1 Tesalonicenses 5:11).

A continuación hay algunas preguntas de ejemplo para ayudar a facilitar la discusión. Está estructurado como un estudio semanal, pero si tu grupo se reúne con una frecuencia diferente, tal vez quieras ajustar las preguntas en consecuencia. Cubre tantas preguntas como el tiempo lo permita, o siéntete libre de crear las tuyas propias. Y no olvides repasar los recursos adicionales en inglés que hemos vinculado para ti en MyDGroup.org/Resources/Juan.

MUESTRA DE PREGUNTAS DE DISCUSIÓN

¿Qué preguntas te surgieron con el estudio o el texto bíblico de esta semana?

¿Qué te llamó la atención en el estudio de esta semana?

¿Qué notaste acerca de Dios y su carácter?

¿Cómo te desafió tu estudio del texto bíblico? ¿Hay algo que quieras cambiar a la luz de lo que aprendiste?

¿Cómo afecta lo que aprendiste sobre Dios tu manera de vivir en comunidad?

¿Qué correlación viste entre el salmo del día 6 y el estudio de esta semana sobre Jesús y su reino?

¿Has sentido que Dios está obrando en ti a través del reto semanal? Si es así, ¿cómo?

¿Está aumentando tu amor por la Palabra de Dios a medida que avanzamos en este estudio? Si es así, ¿cómo?

¿Algo de lo que aprendiste aumentó tu gozo de conocer a Jesús?

RECONOCIMIENTOS

Olivia Le, quien hace que todos nuestros retiros para escribir funcionen sin problemas, ¡desde los vuelos hasta la comida y los momentos divertidos!

Laura Buchelt, quien creó una gran estructura para nosotros y es nuestra mejor animadora.

Emily Pickell, quien es constante e imperturbable, siempre trayendo cosas interesantes y sabiduría profunda.

Meg Mitchell, quien terminó este estudio impecablemente mientras también esperaba un bebé.

Meredith Knox, quien proporcionó contenido impresionante y alivio con su buen humor.

Liz Suggs, quien trajo todo su profesionalismo en lectura de mesa al caos de nuestro nuevo proceso.

Lisa Jackson, Jeff Braun y Hannah Ahlfield, quienes nos animan y nos mantienen a flote mientras nos movemos a este ritmo acelerado.

ACERCA DE LA EDITORA

TARA-LEIGH COBBLE

El celo de Tara-Leigh por la alfabetización bíblica le condujo a crear una red de estudios bíblicos llamada *D-Group* (Grupo de Discipulado). Cada semana, cientos de grupos *D-Group* de hombres y mujeres se reúnen en hogares, en iglesias y en línea para el estudio de la Biblia y para rendirse cuentas.

También escribe y presenta un *podcast* diario llamado *La sinopsis de la Biblia,* diseñado para ayudar a los oyentes a leer y comprender la Biblia en un año. El *podcast* ha acumulado más de trescientos millones de descargas en sus primeros cinco años, y más de veinte mil iglesias en todo el mundo se han unido a su plan de lectura para conocer a Dios y amarlo mejor. Se ha convertido en un libro publicado por Bethany House Publishers.

Tara-Leigh es una autora éxito de ventas en la lista del *Wall Street Journal,* habla ante una amplia variedad de audiencias y lidera regularmente viajes de enseñanza a Israel porque le encanta ver a otros maravillarse con la historia de la Escritura a través de la experiencia de primera mano.

Entre sus cosas favoritas están el agua gasificada y los días de 22 grados con un 55 por ciento de humedad, y piensa que cada comida sabe mejor cuando se come al aire libre. Vive en una caja de cemento en los cielos de Dallas, Texas, donde no tiene mascotas, hijos ni nada que podría morir si se le olvida alimentarlo.

Para más información sobre Tara-Leigh y sus ministerios, puedes visitarla en el internet.

SITIOS WEB:

taraleighcobble.com | thebiblerecap.com | mydgroup.org | israelux.com

REDES SOCIALES:

@taraleighcobble | @thebiblerecap | @mydgroup | @israeluxtours